Walt Disney

Une histoire par jour

ETE

WALT DISNEY

Une histoire par jour

ETE

ENCYCLOPÉDIES ET CONNAISSANCES

Sommaire

Publié en Angleterre par PURNELL
Édité en France par
ENCYCLOPEDIES & CONNAISSANCES
N° d'édition : 203
I.S.B.N. : 2.86369.002.7
Dépôt légal : 4ème trimestre 1981
Printed in Italy by MONDADORI
Loi n° 49.956 du 16 juillet 1949
sur les publications destinées à la jeunesse
traduit de l'anglais par Anne Zorn

Introduction

Voici un des nouveaux livres merveilleux de Walt Disney grâce auxquels *chaque* jour de l'année sera vraiment spécial ! Il y a quatre livres dans cette série — un pour le printemps, un pour l'été, un pour l'automne et un pour l'hiver. Une histoire chaque jour pendant toute l'année, y compris les jours de fêtes comme Noël. Toutes les histoires ont été écrites spécialement pour cette série et font appel aux gentils personnages de Walt Disney qui vivent les aventures les plus passionnantes et les plus amusantes. Et pour tous ceux qui aiment plaisanter, il y a aussi de bonnes blagues dans ces livres ! Les illustrations, comme les histoires, sont entièrement nouvelles et toutes en couleurs merveilleuses.

Pour chaque enfant, ces livres constituent un véritable trésor et les tout-petits s'apercevront que le moment d'aller au lit est un moment fantastique parce qu'ils s'endormiront en écoutant les histoires de Mickey, Donald, Dingo et tous les amis du monde enchanté de Walt Disney.

Un goûter au soleil

Le soleil ressemblait à un gros pot de miel doré. Winnie et Jean-Christophe se reposaient dans un hamac. Winnie bâilla. « Quelle chaleur ! J'ai envie de manger quelque chose de rafraîchissant. »

— Que dirais-tu d'une compote ? proposa Jean-Christophe.

— Oh oui, une compote aux fruits et au miel. Quel délice, répondit Winnie en se léchant les babines.

— Une compote au miel ? dit Jean-Christophe en fronçant les sourcils, tu crois que c'est bon ?

— Mais bien sûr ! D'ailleurs, le miel ça me connaît ! Laisse-moi faire, dit Winnie en se précipitant à la cuisine. Des fruits, du sucre, une cuillerée de miel. Tout y était. Winnie remplit deux gros bols d'une succulente compote au miel. Il réveilla Jean-Christophe et lui en donna un. Jean-Christophe soupira :

— Tu ne m'as pas donné de cuiller pour manger.

— Il y en a sûrement à la cuisine, grogna Winnie en trempant une patte dans son bol de compote.

Jean-Christophe revint, l'air mécontent.

— Je n'ai pas trouvé de cuiller à la cuisine, dit-il.

— Eh bien, mange avec tes doigts, grommela Winnie.

Riri : J'ai fait du cheval ce matin.
Fifi : Mais où est ton cheval ?
Riri : Oh, il est rentré sans moi !

— Je n'aimerais pas être un ours, déclara Jean-Christophe. Vous ne savez vraiment pas vous tenir à table !

— Je ne suis pas à table, je suis dans mon hamac, rétorqua Winnie. Allons, mange, c'est délicieux !

Finalement, Jean-Christophe commença à manger sa compote. Les deux amis se régalaient. Soudain, Jean-Christophe trouva au fond de son bol un objet en bois qu'il repêcha.

— Voilà donc où était passée la cuiller, dit Winnie en souriant.

— Tu sais, j'aurais vraiment préféré m'en servir, insista Jean-Christophe. Ce n'est pas propre de manger avec ses doigts.

— Tu as tout-à-fait raison, approuva Winnie, et je ne vois qu'une seule chose à faire.

— Quoi donc ? demanda son ami.

— Je vais refaire deux autres bols de compote, répondit Winnie, et nous pourrons les manger proprement avec une cuiller.

— Et des serviettes ? demanda Jean-Christophe.

— Bien sûr, soupira Winnie. Si tu y tiens !

2
Juin

Maître Hibou : Je suis content de pouvoir te donner 18 à ta composition.
Coco Lapin : Pourquoi ne pas me donner 20 ? Vous seriez au comble du bonheur !

L'escapade de Baloo

Un jour qu'il était fâché, Baloo décida de quitter la jungle. Il se fit prendre en auto-stop par un camion, s'endormit et se réveilla à Disneyland.

Là, il commença par s'acheter un grand chapeau qui lui descendait sur les yeux. Puis, il se mit à la recherche d'un travail. Et c'est là que ses ennuis commencèrent.

Une vieille dame s'apprêtait à traverser la rue. Toujours prêt à rendre service, Baloo voulut l'aider sans s'apercevoir qu'il s'agissait de l'horrible vieille sorcière.

— Viens donc prendre le thé à la maison, lui dit-elle avec une lueur mauvaise dans le regard. Ils atteignirent bientôt sa maison qui tombait en ruines.

— Est-ce que vous avez du lait de noix de coco? demanda Baloo, la mine gourmande.

— J'ai toujours rêvé d'en avoir un comme toi, gloussa la sorcière en remuant dans sa marmite.

— C'est gentil ce que vous dites là, s'écria Baloo en se demandant de quoi la sorcière voulait parler.

— J'ai entendu dire que les tapis en peau d'ours étaient jolis et très doux, ricana-t-elle doucement.

— Des tapis en peau d'ours! s'exclama Baloo. Mais à quoi sert une peau d'ours sans ours à l'intérieur?

— Eh! Eh! Tu ne vas pas tarder à le savoir, siffla la vieille. Je vais d'abord te montrer mon musée d'animaux. Ainsi tu verras où tu passeras le reste de tes jours!!! Baloo s'étrangla dans son lait de coco. Même dans la jungle, on

était plus en sécurité qu'ici.

Le musée d'animaux était une pièce grise, poussiéreuse, sans bruit et un peu hantée. Tous les animaux étaient empaillés. Au-dessus de la porte, il y avait une tête de cerf avec d'énormes bois et, dans un coin, se dressait une autruche. La sorcière s'arrêta devant un éléphant qui ressemblait un peu au Colonel Hathi.

— Regarde ces défenses en ivoire, ricana la sorcière. Elles valent une petite fortune, tu sais.

Mais Baloo tremblait de tous ses membres.

— S'il vous plaît, Madame la Sorcière. Laissez-moi partir et je vous donnerai mon chapeau tout neuf.

— Et que veux-tu que je fasse de ce chapeau ridicule? dit-elle en ricanant.

— Eh bien, il pourrait au moins servir à couvrir votre vilaine figure, suggéra Baloo. A ces mots, la sorcière tenta de frapper Baloo avec sa baguette magique. Mais Baloo sauta en l'air et retomba avec fracas.

Toute la maison trembla. La tête de cerf tomba sur le visage de la sorcière qui ne pouvait plus rien voir. L'autruche traversa le plancher et atterrit dans la marmite. Et notre bon Baloo prit ses jambes à son cou.

— Ouf! soupira-t-il en montant à bord du train qui repartait vers la jungle. Il s'en est fallu de peu que je ne devienne une descente de lit.

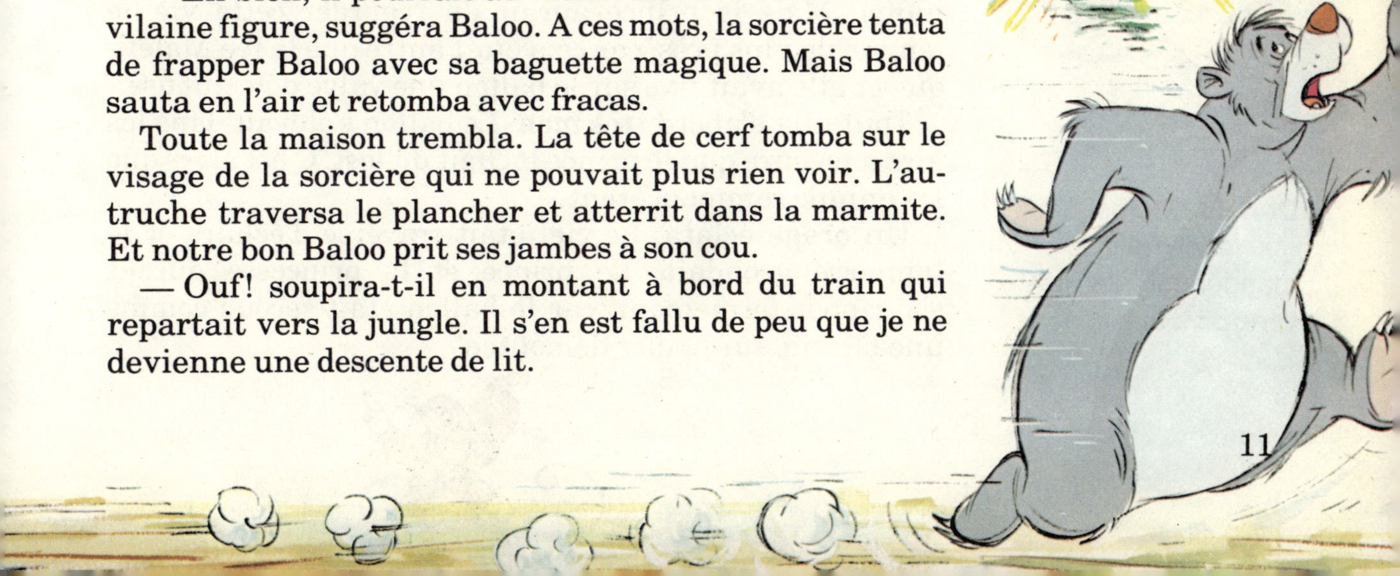

3
Juin

Aventure dans le ciel

Donald : Qu'est-ce que je pourrais demander qui aille vite ?
Dingo : L'addition !

La princesse Aurore et le prince Philippe étaient en vacances. Dans le lointain, on voyait les oiseaux voler au-dessus des cimes.

— Quelle journée magnifique, soupira la princesse Aurore, je voudrais être un oiseau pour pouvoir voler.

Le prince Philippe lui sourit.

— Et si tu pouvais voler, où irais-tu ?

— Oh pas très loin, répondit la princesse. J'aimerais simplement passer un moment avec les oiseaux dans ces jolis nuages tout blancs.

— Et si nous louions un ballon, proposa le prince Philippe. Tu pourrais réaliser ton rêve.

Le prince Philippe partit donc louer un ballon à une vieille femme, tandis que la princesse préparait un pique-nique. Mais le prince aurait dû regarder cette vieille femme de plus près, car ce n'était autre que la fée Maléfique et elle avait fixé sur le ballon une valve défectueuse.

Tout alla d'abord très bien. Le ballon s'élevait dans les airs à mesure que le prince lâchait du lest. C'est alors que les ennuis commencèrent.

Un orage éclata. Le ciel était traversé d'éclairs et le tonnerre grondait. Le prince et la princesse durent s'agripper fermement, car le ballon était secoué comme une barque sur la mer démontée.

— Qu'allons-nous devenir? s'écria la princesse, effrayée.

— Ne t'inquiète pas, la rassura le prince, l'orage va passer et tout rentrera dans l'ordre.

Et l'orage passa. Le couple sortit des sombres nuages pour entrer dans un ciel ensoleillé où volaient les oiseaux. Au-dessous, la princesse pouvait voir les toits minuscules des maisons et même le chapiteau d'un cirque. Elle était soulagée et heureuse. Elle avait réalisé son rêve. Tout-à-coup, le ballon commença à perdre de l'altitude, très, TRÈS rapidement! Le prince Philippe ne pouvait rien faire pour empêcher le gaz de s'échapper par la valve défectueuse. D'ici une minute ou deux, ils s'écraseraient au sol et seraient tués. Seul un miracle pouvait les sauver.

Dumbo était sorti du cirque pour prendre l'air. Dès qu'il vit le ballon qui tombait, il comprit que quelque chose n'allait pas. Battant l'air de ses grandes oreilles, il s'envola aussitôt.

En un instant, le miracle eut lieu. Dumbo s'approcha et, avec sa trompe, il réussit à pomper de l'air dans le ballon qui se dégonflait. Le prince et la princesse étaient sauvés!

4 Juin

Dites-le avec des fleurs

Les neveux de Donald, Riri, Fifi et Loulou, virent passer Gontran, un gros bouquet de fleurs à la main.

— Je parie qu'il va offrir ces fleurs à Daisy, dit Riri d'un ton méprisant.

— Oui ! Il essaie toujours de faire plaisir à la fiancée d'Onc'Donald, répliqua Loulou.

Lorsque Gontran passa devant leur jardin, ils se penchèrent par-dessus la clôture et versèrent du POIVRE sur son bouquet.

— Ça lui apprendra, gloussèrent-ils.

Gontran sortit une carte de sa poche et y écrivit quelques mots. Il mit la carte dans le bouquet qu'il déposa sur le seuil.

Les neveux de Donald attendirent un peu et qui virent-ils venir ?... L'oncle Donald ! Lui aussi portait un bouquet, mais moins beau que celui de Gontran.

— Peuh ! grommela Donald en lisant la carte de Gontran. Ce poseur de Gontran ! Je vais lui couper l'herbe sous le pied ! Et Donald retira la carte de Gontran, mit la sienne à la place et jeta son propre bouquet.

— Non, arrête ! s'écrièrent Riri, Fifi et Loulou en se précipitant vers Donald qui tenait le bouquet de Gontran. Ne fais pas ça !

Donald rougit jusqu'aux oreilles. « A la guerre comme à la guerre » grogna-t-il.

— Mais Onc'Donald, cria Fifi. Trop tard. Daisy arrivait.

— Oh ! les jolies fleurs, dit-elle en prenant le bouquet des mains de Donald. Elle enfouit son visage dans les fleurs pour en sentir le parfum. ATCHOUM ! ATCHOUM !

— Aaaaaatchoum ! éternua la pauvre Daisy. Tu as mis du POIVRE sur les fleurs ! Je ne veux plus jamais te revoir. ATCHOUM !

— J'aurais dû vous écouter, les enfants, soupira Donald.

Une visite à New York

Blanche-Neige et les sept nains étaient partis visiter New York. C'était l'été et le voyage coûtait très cher. Quand ils arrivèrent à New York, il ne leur restait presque plus d'argent.

— Ne vous en faites pas, dit Joyeux en souriant. Ecoutez les oiseaux chanter, c'est gratuit.

— Le sommeil aussi a toujours été TRÈS bon marché, dit Dormeur en bâillant.

— Et ça ne coûte rien de ronchonner un bon coup, ajouta Grincheux.

— Oui, mais nous n'avons pas que cela à faire, dit Blanche-Neige. Nous devons visiter les musées et les monuments célèbres.

— Et ça coûte cher, grogna Grincheux.

— Alors, s'il vous plaît, essayez tous d'économiser le plus possible, dit Blanche-Neige.

— Si les éternuements se vendaient, marmonna Prof, Atchoum vaudrait une fortune.

— Aaaatchoum, acquiesça ce dernier.

Pendant ce temps, Timide avait remarqué que Simplet n'était pas là.

— Nous avons perdu Simplet, dit-il timidement.

— Ce n'est pas grave, je sais où il est, dit Blanche-Neige en souriant. Il est allé faire des courses.

— J'ai faim, grommela Grincheux. Et effectivement, même son estomac commençait à se plaindre.

Des pas se faisant entendre à l'extérieur, Doc alla ouvrir la porte et découvrit Simplet hors d'haleine.

— J'ai fait tout le trajet en courant derrière le bus, dit-il en haletant, et j'ai économisé le prix du voyage !

— Bravo Simplet ! dit Blanche-Neige en riant. Et tous les nains éclatèrent de rire, sauf Grincheux bien sûr.

— Si tu avais couru derrière un taxi, tu aurais économisé au moins cinq fois plus, reprocha-t-il à Simplet.

6
Juin

L'aventure de Scamp

Scamp s'apprêtait à faire sa première sortie tout seul. Lady était un peu inquiète.

— Tu feras très attention, n'est-ce pas? lui dit-elle.

— Je suis assez grand pour sortir seul, maman! aboya Scamp.

— Bien sûr, fiston, dit Clochard en riant. Mais si tu vas du côté de la mer, fais attention à Pat Hibulaire.

Scamp promit et partit pour sa première VÉRITABLE aventure. Il folâtra un peu dans les bois, en courant joyeusement après les lapins. Il dérangea même un lapin qui dormait dans un tronc creux.

Scamp repèra une hirondelle qui voletait et il essaya de faire la course avec elle. Mais l'hirondelle volait trop vite et, sans savoir ce qui lui arrivait, Scamp se retrouva bientôt hors d'haleine près des falaises qui bordaient la mer.

La plupart des animaux savent nager instinctivement, et c'était aussi le cas de Scamp. Au bout de quelques minutes, il barbotait déjà, plongeant au fond d'une grande flaque, et il s'amusait beaucoup.

Soudain, il trouva une vieille chaussure enfoncée dans le sable et, en tirant très fort, il réussit à la dégager. Mais

Jean-Christophe : Depuis quand te prends-tu pour un chien?
Winnie : Ça a commencé quand je n'étais encore qu'un chiot!

il était tellement occupé à jouer, qu'il n'entendit pas venir Pat Hibulaire, le terrible bandit.

— Donne-moi cette chaussure ! gronda Pat, qui l'arracha à Scamp, vida le sable qu'elle contenait et l'essaya. « C'est juste ma taille, » dit-il d'un air mauvais. « Tout ce qu'il me faut maintenant, c'est exactement la même chaussure pour l'autre pied. » Le bandit attrapa Scamp par l'oreille. « Tu comprends, petit coquin ? »

Scamp comprenait très bien. Il venait justement d'apercevoir une chaussure exactement semblable dans la flaque, et il savait aussi qui *vivait* à l'intérieur. Scamp décida donc de donner une leçon à Pat.

Il nagea dans la flaque et en retira la chaussure.

Pat arriva en sautant sur un pied et ricana méchamment. « Fiche le camp, » ordonna-t-il à Scamp, « c'est *ma* chaussure maintenant. »

Scamp s'éloigna juste assez pour pouvoir s'amuser à la vue de Pat essayant de mettre la chaussure.

— Aaaaïe ! s'écria Pat en sautant dans tous les sens, car le crabe qui vivait dans la chaussure venait de lui pincer le doigt de pied.

— Ça lui apprendra ! dit Scamp en riant. Et il rentra à la maison où son déjeuner l'attendait.

7
Juin

Riri : Quel est le mot le plus long du dictionnaire ?
Fifi : Elastique ! On peut l'étirer !

Visite chez Lapin Blanc

Voilà des semaines que Mickey et Dingo se réjouissaient d'aller rendre visite au Lapin Blanc. Aujourd'hui, le soleil brillait, les oiseaux gazouillaient et l'air embaumait le chèvrefeuille.

— Youpiiiii ! Je suis dans une SUPER-forme ! déclara joyeusement Dingo en esquissant un pas de danse.

— Ménage tes forces jusqu'à ce que nous soyons arrivés, lui conseilla Mickey.

— Je me sens dans une telle forme que je pourrais sauter par-dessus ce tacot, s'exclama Dingo en montrant un taxi jaune garé de l'autre côté de la rue.

— Ne sois pas stupide, Dingo ! Personne ne pourrait faire une chose pareille... Dingo ! DINGO ! Reviens ! Ne fais pas ça ! cria Mickey.

Trop tard. Dingo s'élança en poussant un cri, et il aurait peut-être réussi à sauter par-dessus la voiture... si le taxi n'avait pas démarré au dernier moment.

Mickey, effrayé, se couvrit les yeux. Le taxi stationnait au-dessus d'une bouche d'égout ouverte ! La dernière

chose qu'il vit de son ami, ce furent ses oreilles disparaissant dans le trou; il entendit le cri poussé par Dingo et le bruit qu'il fit en arrivant en bas!

Mickey s'élança vers la bouche d'égout, glissa sur une peau de banane et tomba la tête la première dans le trou.

— Vous voilà tous les deux? Tiens, tiens! dit une voix familière. Entrez, entrez! Venez rejoindre les autres invités!

Lorsque Mickey et Dingo cessèrent de voir trente-six chandelles, ils aperçurent... le Lapin Blanc!

— Oh, mon Dieu! je rêve? Toi, tu vis ici? s'exclama Dingo.

— Bien sûr, je vis ici, dit le Lapin Blanc en riant. Enfin, un PETIT PEU plus loin de ce terrier en béton.

— N-n-nous pensions que tu habitais de l'autre côté de la rue, souffla Mickey.

— Ah oui! répondit le Lapin Blanc en souriant de toutes ses dents. Mais là-bas, c'est l'entrée PRINCIPALE! Vous, vous êtes arrivés par la SORTIE DE SECOURS!!!

8
Juin

L'anneau du Prince Jean

Dans les cuisines du palais, le prince Jean goûtait les tartes, et gênait beaucoup le cuisinier. « Plus de prunes dans celle-ci » ordonnait-il. « Plus de sucre dans celle-là. » De retour dans la salle du trône, il se mit brusquement à taper du pied et à s'agiter.

— Hiss ! cria-t-il. Sir Hiss accourut. « Vous avez appelé, Sire ? » siffla-t-il.

— Bien sûr que j'ai appelé ! rugit le prince Jean. Ma plus belle bague a été volée. Je veux qu'on la retrouve immédiatement et que l'on punisse le coupable !

— Oui, Sire ! murmura Hiss.

Mais au dîner, le prince Jean trouva une bague à l'intérieur de la tarte aux prunes.

— Qu'on achète TOUTES les tartes aux prunes du royaume ! ordonna-t-il. Si mes calculs sont exacts, nous aurons autant de bagues qu'il y a de tartes.

— Oui, Sire, acquiesça Hiss.

Un millier de tartes aux prunes furent ainsi apportées; le prince Jean et Sir Hiss les examinèrent personnellement. A la fin, leur visage était tout bleu, mais ils n'avaient pas trouvé une seule bague.

— Sapristi de sapristi de SAPRISTI ! cria le prince Jean. Si la bague que j'ai trouvée tout à l'heure ne vaut pas le prix de mille tartes aux prunes, j'aurai perdu de l'argent dans cette affaire. Qu'on me l'amène !

Sir Hiss apporta la bague sur un plateau d'argent. Elle était encore toute couverte de prunes.

— Mais Sire, c'est *votre* bague ! s'exclama Sir Hiss. Vous avez dû la perdre en goûtant les tartes ce matin.

— Si c'est bien *ma* bague, gronda le prince Jean, je te ferai mettre en prison, Hiss, pour ne pas me l'avoir dit avant que j'achète les mille tartes.

Le prince Jean porta alors l'anneau à sa bouche pour lécher les prunes qui s'y trouvaient encore.

— GLOUP, fit Sir Hiss en pensant au châtiment prévu.

— Quoi GLOUP ? demanda le prince Jean. Et il devint brusquement tout rouge.

— Va vite me chercher un aimant, Hiss ! dit-il en hoquetant. Je viens d'avaler cette satanée bague !

Dingo et le cerceau

Dingo faisait rouler un cerceau sur la route. C'était une belle journée d'été et il faisait très chaud. En plus, ce cerceau-là semblait avoir l'esprit très indépendant. Dingo était en train de chercher son mouchoir pour s'éponger le front, lorsque le cerceau décida de se sauver.

— Hé! Reviens! lui cria Dingo. Mais le cerceau continuait à dévaler la côte. Dingo se mit à courir, mais le cerceau passa sur une flaque de boue.

SPLASH! Dingo s'étala de tout son long dans la flaque. Il était couvert de boue.

Mais le cerceau poursuivait sa course folle. Il passa à pleine vitesse près de Riri qui tomba de son vélo. Puis il heurta un caillou et s'envola dans les airs.

— Croa! Croa! Un corbeau qui passait connut une belle peur et ne réussit à sauver les plumes de sa queue qu'en passant à travers le cerceau.

— Oh, là là! dit Dingo haletant, je suis sûr que ce cerceau est vivant! Il courut aussi vite que ses jambes couvertes de boue le lui permettaient.

Mais le cerceau continuait à descendre, faisant tomber au passage le chapeau d'Oncle Picsou. « Au secours! » cria le vieux grippe-sou en serrant de toutes ses forces sa montre en or.

Dingo était maintenant très inquiet. « Oh non! » s'écria-t-il en voyant le cerceau se diriger tout droit vers la vitrine d'un bijoutier. Et il ferma les yeux.

A ce moment-là, un des Rapetou sortit en courant de la bijouterie avec des bijoux volés. BING! Le cerceau le jeta à terre et l'assomma. Les bijoux étaient saufs!

Dingo poussa un ouf! de soulagement. Mais il décida quand même d'apprendre le code de la route à son cerceau avant de le sortir à nouveau.

10

Juin

Dumbo : Qu'est-ce qu'un éléphant peut avoir et qu'aucun autre animal ne peut avoir ?

Thimothée : Des éléphanteaux.

Aventure nocturne

La nuit tombait sur la jungle. C'était une nuit sans lune et tout était sombre. Il faisait aussi très chaud et Mowgli trouva le parfum des fleurs si entêtant qu'il décida d'aller se promener du côté des marais.

Il n'y était encore jamais allé. Par une nuit aussi sombre, il était doublement dangereux de s'y aventurer, car s'il tombait dans l'un de ces marais, une mort certaine l'attendait.

Il n'y avait pas le moindre souffle d'air. Aucun bruit ne venait rompre le silence. Mowgli courait avec la légèreté et l'adresse d'un funambule.

Seul le froissement d'une brindille avertit Bagheera que son petit ami s'aventurait vers un territoire inconnu. Bagheera se glissa silencieusement dans les broussailles et suivit Mowgli à distance.

Elle au moins pouvait voir la nuit et une paire d'yeux valait mieux que rien du tout!

Après avoir couru pendant près de dix minutes, Mowgli s'aperçut soudain qu'il ne savait plus très bien où il était. Et comme il n'y avait pas d'étoiles, il n'arrivait plus à trouver son chemin. Peut-être était-il déjà au bord des marais!

Au lieu d'avancer prudemment, Mowgli, pour la première fois de sa vie, fut pris de panique. Il se mit à courir comme un fou. Les feuilles et les branches lui fouettaient le visage et les lianes manquaient de le faire trébucher. Soudain il sentit quelque chose de sombre qui le poussait. A cet instant, la lune apparut. C'est alors qu'il vit là, devant lui, les terribles marécages. A ses côtés se tenait Bagheera qui venait de lui sauver la vie.

— Si tu t'aventures encore une fois dans le noir, petit homme, essaie de savoir exactement où tu vas, l'avertit-elle.

11
Juin

Une aventure d'O'Malley

Winnie : Qu'est-ce qui est le plus lourd dans le poisson ?
Bourriquet : Les arêtes !

O'Malley était un aimable chat de gouttière. Il avait même pour amie une souris nommée Roquefort.

Il y avait pourtant quelqu'un qui n'aimait pas du tout O'Malley; c'était Edgar, le valet de chambre. Mais cela n'inquiètait pas O'Malley. Il voyait mieux qu'Edgar, entendait mieux et, surtout, courait beaucoup plus vite que lui !

— Psst ! lui dit Roquefort un soir. Écoute un peu. Edgar est en train de tramer quelque chose contre toi. Je l'ai vu verser du somnifère dans ta pâtée.

— Merci ! répondit O'Malley et il se dirigea vers l'allée du jardin. Cet hypocrite d'Edgar avait préparé une écuelle pour O'Malley. « Minet, minet » appela-t-il avec un sourire mauvais.

— Je vais jouer le jeu, pensa O'Malley, je vais prendre une bouchée et je la recracherai quand il ne fera pas attention. Et c'est ce qu'il fit. Ensuite, il se roula en boule et fit semblant de dormir profondément. Un peu plus tard, Edgar entra, prit le chat et le mit dans une boîte.

O'Malley se rendit compte qu'on le mettait dans un camion, où il fit un long voyage, très inconfortable.

Puis on le transporta dans une grange et il entendit Edgar dire à un étranger : « Je vous ai apporté le meilleur de tous les chasseurs de souris — et il ne vous en coûtera que cent francs. Pour l'instant, il dort; mais quand je serai parti, vous feriez mieux de l'attacher à une longue corde ».

L'étranger ricana et paya Edgar. O'Malley entendit le camion démarrer et, au dernier moment, il sortit de la boîte et sauta à bord sans être vu.

Quand Edgar arriva à la maison, il était près de minuit. La première chose qu'il vit, ce fut une demi-douzaine de chats qui dormaient dans l'allée. Ils avaient mangé la pâtée d'O'Malley ! Madame Bonnefamille, la maîtresse de maison, était furieuse. Elle réprimanda tellement Edgar qu'il rougit jusqu'aux oreilles.

Un peu plus tard dans la nuit, un étranger très en colère frappa à la porte. Il disait qu'Edgar lui avait vendu un chat pour 100 Francs et que ce chat n'existait même pas ! Edgar était *vraiment* dans le pétrin.

Mais tout ce bruit avait fini par réveiller Roquefort.

— Que se passe-t-il ? demanda-t-elle à O'Malley.

— Devine ! répondit-il en ronronnant. Je viens de manger six assiettes de pâtée !

— Mais, et les autres chats ? dit Roquefort, inquiet.

— Oh, ne t'en fais pas pour eux, ils dorment !

12
Juin

Un chien à la mer

Donald : Combien fait la moitié d'un huitième ?
Riri : Trois fois rien !

Oncle Picsou venait de s'acheter un superbe bateau à moteur qu'il avait baptisé “Tirelire”. C'était le bateau le plus rapide du monde. Même les Rapetou n'auraient pas pu le rattraper ! Et s'il l'avait acheté, c'était pour rechercher secrètement l'Île au Trésor.

Un jour qu'il était sorti faire une longue promenade, Pluto décida d'aller voir ce qui se passait sur le port. Chercher des os est un travail tellement épuisant — tous les chiens vous le diront — que Pluto décida de se cacher dans un bateau pour y faire un petit somme. C'était le bateau d'Oncle Picsou.

Ce même après-midi, le vieux grippe-sou décida d'aller jeter un coup d'œil sur son bateau, pour voir si rien n'avait été volé. Mais il ne put résister à la vue de cette mer si calme et si bleue. Vroum ! Vroum ! Il mit le moteur en marche et le bateau s'élança sur les flots.

Oncle Picsou, qui conduisait comme un fou, faillit heurter un paquebot. Puis il se dirigea tout droit sur un navire de guerre ! Il fit une embardée au dernier moment, passant à un doigt du bateau. Mais Pluto, qui dormait toujours, fut projeté par-dessus bord.

— Au secours ! Gloup ! cria-t-il. Mais Oncle Picsou poursuivit sa route sans l'entendre. Pluto se trouvait à des kilomètres de toute terre ferme, sans même une bouée. Mais les chiens savent nager et ils ont un odorat très développé ; alors, après avoir humé le vent, Pluto décida d'aller vers l'est. Un peu plus tard, il aperçut une île.

C'était une toute petite île, avec seulement un palmier. Un mot était accroché à l'arbre : « Sam la Pépite est passé par ici ».

Pluto commença par creuser. Il avait faim, et ne tarda pas à trouver quelque chose. Mais ça n'était pas un os. C'était une malle au trésor !

Les bracelets, perles, pièces d'or et colliers ne présentent pas un grand intérêt pour un chien. Mais un collier s'accrocha autour du cou de Pluto et il ne réussit pas à s'en débarrasser.

Pauvre Pluto ! Seul sur une île déserte, à des kilomètres de tout lieu habité. Pourrait-il jamais retrouver sa niche ? Prenant une profonde inspiration, le brave chien se jeta de nouveau à l'eau.

Pendant ce temps, Oncle Picsou continuait à piloter son bateau à plein gaz. Le vieux filou en caquetait de plaisir. La saine odeur de l'iode, les reflets du soleil sur l'eau... Il était PRESQUE heureux !

Soudain, Oncle Picsou vit danser des sous devant ses yeux. Il venait d'apercevoir un *autre* genre de reflet — celui que jette un DIAMANT. Il ne lui fallut que quelques secondes pour amener son bateau près de Pluto épuisé, qu'il tira à bord.

— Où as-tu trouvé ce collier de diamants, Pluto ? demanda Picsou avec avidité.

— Ouaf ! Ouaf ! aboya Pluto.

— Bah ! Quelle question stupide ! marmonna Picsou en rebroussant chemin.

13
Juin

La lèvre de Grincheux

Blanche-Neige et Grincheux étaient allés au cinéma, voir « La belle et le Clochard » pour la quatrième fois.

Les six autres nains auraient aimé y aller, mais ils voulaient avoir une conversation entre eux. Ils étaient très inquiets au sujet de Grincheux !

Les premières étoiles venaient d'apparaître dans ce beau ciel d'été et ils étaient tous réunis dehors, autour d'un feu sur lequel ils faisaient griller des marrons et des pommes de terre.

Prof dit : « Comme c'est dommage de gâcher une si belle soirée en parlant derrière le dos de Grincheux ».

Simplet l'approuva. Il n'aimait pas du tout cela. Mais Prof poursuivit : « Pourtant, mes amis, c'est pour son bien que nous faisons cela ».

— Oui, déclara Timide. Il est devenu tellement morose ces derniers temps.

Mickey : Arrête de faire des grimaces au taureau !
Pluto : C'est lui qui a commencé !

— Quelqu'un peut-il expliquer POURQUOI il a l'air si grognon et si mal luné ? demanda Dormeur.

— Peut-être parce qu'il est juste le contraire de ce que je suis, dit Joyeux en souriant.

— Qu'est-ce que tu veux dire par là ? grommela Prof.

— Mais qu'il est malheureux, précisa Joyeux.

— Allons, allons, dit Atchoum. Nous commençons déjà à nous disputer. Je savais bien que cela arriverait.

— Peut-être est-ce NOUS qui le rendons si malheureux ! soupira Timide.

— Oh, je ne pense pas qu'il soit malheureux. Je pense qu'il est heureux d'être Grincheux, répliqua Joyeux.

— Moi, je ne sais pas, marmonna Prof. En tout cas, nous n'arrivons à aucun résultat.

— Je sais, s'écria soudain Simplet. S'il ne grognait pas tout le temps, il ne saurait pas quoi faire de sa lèvre inférieure.

Et c'est la meilleure explication que les nains réussirent à trouver.

14
Juin

Frère Tuck : Voulez-vous acheter ce cheval ? Il fait vingt kilomètres sans s'arrêter !
Le Shérif : Non merci ! Je n'habite qu'à dix kilomètres d'ici !

Le chat s'ennuie

Cheshire Cat bâilla. Le Pays des Merveillesdevenait *tellement* ennuyeux ! Bien sûr, il pouvait toujours taquiner les souris, mais cela ne l'amusait plus beaucoup. Ce sont les chats ORDINAIRES qui font ce genre de choses. Comme il continuait à bâiller, Alice vint à passer.

Elle le regarda d'un air inquiet. « Tu as l'air *différent*, Cheshire Cat. »

— Différent ? Qu'est-ce que tu entends exactement par « différent » ? demanda-t-il paresseusement.

— Je ne sais pas, je n'arrive pas vraiment à le dire.

— Oh ! Ne t'en fais pas, miaula Cheshire Cat. Va de nouveau à l'aventure. Et qu'il ne t'arrive rien !

— Je vais essayer, dit Alice en riant. Et elle partit sur la pointe des pieds pour ne pas réveiller la chenille.

Cheshire Cat commençait à peine à se rendormir lorsque Alice revint en gambadant. « Déjà des ennuis ? » lui demanda-t-il.

— Non, dit Alice. Mais je sais maintenant ce qu'il y a de *différent* en toi.

— Ah oui ? Alors dis-le moi, gentille petite fille. La vie est devenue tellement ennuyeuse ici.

— Eh bien, dit Alice d'un air un peu gêné. C'est que... tu ne SOURIS plus !!

— Je ne souris plus ! Ma foi, je crois que tu as raison, murmura Cheshire Cat en lissant ses moustaches. Mais qu'est-ce que je peux faire ?

— Eh bien, ne pourrais-tu pas simplement *sourire*, comme ceci ? demanda Alice en souriant et en prenant un gâteau.

— Ma chère enfant, ce n'est pas aussi simple que cela !

— Je suppose que non, admit Alice en mangeant son gâteau. Pourquoi ne prendrais-tu pas des vacances ?

— Hi-i-i-i-i ! fit Cheshire Cat.

— Mais tu souris, dit Alice en riant.

— Et toi tu rapetisses ! répliqua Cheshire Cat un sourire aux lèvres. Après tout, la vie n'est pas si triste au Pays des Merveilles.

— Oh mon Dieu ! Ce doit être le gâteau, s'écria Alice. Mais je ne voulais pas rapetisser !

— Ne t'en fais pas, répondit Cheshire Cat. Si des petites choses comme ça n'arrivaient pas, le Pays des Merveilles ne serait plus tout à fait le même, tu ne crois pas ?

15
Juin

Un réveil glacial

Mickey bâilla. Il avait tant à faire demain : laver la voiture, arroser le gazon et les fleurs. A cause de la chaleur, l'herbe et les plantes avaient besoin d'eau. Mickey éteignit sa bougie et s'endormit.

A peine réveillé, le lendemain matin, il sentit que QUELQUE CHOSE n'allait pas. Il faisait terriblement froid et l'eau qui se trouvait sur sa table de nuit s'était transformée en GLACE !

Mickey ouvrit les volets. Il y avait de la neige partout, sur sa voiture, sur le trottoir et sur les fleurs.

— Oh ! s'exclama Mickey, j'ai dû dormir pendant six mois ! Je me couche, c'est l'été. Je me réveille, c'est l'hiver ! Mais en regardant les toits des autres maisons, il vit qu'il n'y avait *pas* de neige.

Mickey se frappa le front. Je sais, dit-il. Ce doit être Géo Trouvetou et sa satanée machine à faire le beau temps. Je vais aller lui dire ma façon de penser.

Et Mickey se mit en route, furieux. Il allait voir un peu, ce stupide inventeur !

Mais quand Géo vit arriver Mickey, il sortit et lui offrit un gros sac de bonbons. « Oh, Mickey, dit-il l'air désolé. Un fusible a sauté dans ma machine à faire le beau temps. Tu as dû avoir très froid cette nuit. Je suis vraiment désolé, mon vieux ! »

— Hum. Après tout, ce n'était pas si grave que cela, pensa Mickey en avalant un bonbon.

Et quand il rentra à la maison, il eut une autre bonne surprise. La neige avait disparu et, en fondant, elle avait lavé la voiture et arrosé le gazon; quant aux fleurs, elles étaient maintenant belles et fraîches !

Une nuit étoilée

16
Juin

C'était par une belle nuit d'été. Tout était calme. On entendait seulement craquer le feu dans la cheminée de Geppetto. Dans l'obscurité, les flammes avaient de beaux reflets.

Pinocchio et Jiminy se tenaient près du feu. Pinocchio était particulièrement intéressé par les étincelles qui jaillissaient et disparaissaient dans le ciel. La lune souriait. Pinocchio entendit un hibou hululer dans le lointain.

— Regarde ces étincelles, juste au-dessus de la maison . Quelqu'un d'autre doit être en train de faire du feu.

— Ce ne sont pas des étincelles, répondit Jiminy en riant. Ce sont des étoiles. Ne vois-tu pas comme elles sont immobiles et comme elles brillent?

— La Fée Bleue vit sur l'une de ces étoiles, n'est-ce pas? demanda Pinocchio.

— Oui, lui répondit Jiminy.

— Mais comment peut-elle vivre sur une si petite étincelle? lui demanda Pinocchio, intrigué. Regarde, je peux la couvrir avec une seule main tellement elle est petite.

Soudain, une lueur plus éblouissante et plus belle que tous les feux du monde apparut derrière les deux amis. C'était la Fée Bleue.

— Viens donc visiter mon étoile, Pinocchio, lui dit-elle et tu verras comment une petite étincelle devient une grande étoile quand tu t'en approches.

Ils partirent et, en quelques instants, l'étoile devint beaucoup plus grosse. Et lorsqu'il se retourna pour regarder la terre, Pinocchio fut tout étonné. De là-haut, il ne voyait même plus son feu.

— Et il existe encore beaucoup d'autres étoiles, dit la Fée Bleue en souriant.

— Mon Dieu! s'écria Pinocchio émerveillé. TOUT LE MONDE doit alors avoir sa fée personnelle, comme moi!

17
Juin

Lady : Est-ce que tu peux marcher sur la tête ?
Clochard : Non, c'est trop haut.

Les trois tambours

Pour leur anniversaire, Daisy offrit un tambour à chacun des trois neveux de Donald.

— Youpi ! Quel merveilleux cadeau ! s'écria Riri, enchanté.

— Superbe ! ajouta Fifi.

— Magnifique ! renchérit Loulou.

En se réveillant, à 6 heures du matin, ils se mirent à taper sur leurs tambours. RAN ! TAN ! PLAN !

— Ooh ! grogna Donald en enfouissant sa tête sous l'oreiller.

Les enfants jouèrent du tambour toute la matinée, toute l'après-midi et toute la soirée. La tête du pauvre Donald résonnait RAN ! TAN ! PLAN !

Le lendemain matin, lorsque les neveux se réveillèrent, leur premier geste fut de prendre leur tambour.

— Hé ! Mes baguettes ont disparu ! s'écria Riri.

— Les miennes aussi ! gémit Fifi.

— Et les miennes aussi ! se lamenta Loulou. Nous ne pouvons pas jouer sans baguettes !

Donald passa la tête par la porte de la chambre en souriant d'un air satisfait.

— Je sais, dit-il. C'est pour cela que je les ai prises ! Je voulais avoir un peu de CALME ! Et il retourna se coucher.

Rappelez-vous ! cria-t-il de sa chambre. PLUS DE BAGUETTES ! Et il se remit joyeusement au lit, bien décidé à faire encore un petit somme.

Riri et Fifi avaient l'air malheureux, mais Loulou souriait.

— Ne faites pas cette tête-là ! dit-il à ses frères. Allons passer la journée à la ferme de Grand-mère Donald !

Rifi, Fifi et Loulou se mirent donc en route. « Hmm ! dit Loulou lorsqu'ils arrivèrent à la ferme. J'ai bien l'impression que grand-mère Donald a fait des pommes d'api, j'espère qu'elle nous en donnera ! »

— Non merci ! répondit Fifi, je n'aime pas ces pommes d'api. Elles sont trop dures !

— Ne t'occupes pas de ça, souffla Loulou. Si grand-mère t'en offre une, prends-là !

— Pourquoi ? demandèrent Riri et Fifi. Mais Loulou se contenta de hocher la tête, l'air mystérieux.

— Bonjour les enfants ! dit Grand-mère Donald en sou-

riant. Vous arrivez juste à temps pour goûter mes pommes d'api.

Ils en prirent une chacun. « Si nous arrachons les mauvaises herbes de ton jardin, est-ce que nous pourrons en avoir une autre ? » demanda Loulou.

— Bien sûr, mon petit ! lui répondit Grand-mère.

— Mais nous n'en voulons pas d'autres, elles sont si dures ! murmurèrent Riri et Fifi.

— Arrachez les mauvaises herbes et ne vous occupez pas du reste ! ordonna Loulou. Riri et Fifi obéirent en grommelant. Une fois le jardin propre, les enfants reçurent leur deuxième pomme d'api. « Mais vous n'avez même pas mangé la première », dit grand-mère Donald intriguée. « Nous les emportons à la maison », expliqua Loulou. « Et merci beaucoup grand-mère. »

Grand-mère Donald les regarda partir en leur faisant signe de la main.

— Je ne comprends toujours pas pourquoi tu as voulu ces sucettes, dit Fifi à Loulou. Loulou passa un bras autour des épaules de ses frères et leur murmura quelque chose à l'oreille. Tous trois se mirent à rire comme des fous !

Pendant ce temps, Donald se reposait à la maison. « Ah ! comme c'est CALME ici sans ces tambours », soupira-t-il.

— Aaah ! Donald sursauta. Non ! Je ne peux pas y croire ! Il se précipita dans la chambre de ses neveux. Riri, Fifi et Loulou étaient en train de taper sur leurs tambours... avec des pommes d'api ! RAN ! TAN ! PLAN !

— Tu as dit PAS DE BAGUETTES, Onc'Donald dit Loulou en riant.

— Tu n'as pas dit : PAS DE POMMES D'API, ajouta Riri.

— Non, ça tu ne l'as pas dit ! glousse Fifi.

— Oh non ! s'exclama le pauvre Donald. Alors, il ne me reste plus qu'une chose à faire ! Et il partit s'acheter un autre tambour et se joignit à l'orchestre !

18
Juin

Fifi : Que faut-il faire pour avoir de belles mains ?
Minnie : Rien !

La boule de feu

Les étoiles scintillaient comme des diamants dans le bleu d'un ciel d'été. Mowgli était assis devant le feu de camp et regardait les étincelles s'évanouir dans la nuit. Il entendait des loups hurler dans le lointain; autour de lui, tout était silencieux, seul le bois qui brûlait craquait doucement.

Un gentil petit singe, l'un des nombreux enfants du Roi Louie, vint s'asseoir près de lui dans la clairière. En riant, il essaya d'attraper le croissant de lune qui se promenait dans le ciel.

— Tu crois que c'est une banane, n'est-ce pas ? dit Mowgli en souriant. Mais Mowgli s'aperçut que le singe avait été attiré par autre chose. Il y avait une vague lueur orange dans le ciel. Et elle s'approchait d'eux à une vitesse étonnante !

— C'est une boule de feu ! se dit Mowgli, quand tout-à-coup, la boule de feu s'écrasa dans la jungle. Des branches se cassèrent. Des feuilles se froissèrent. Des animaux crièrent et au silence succéda la panique.

Heureusement, le vent dirigeait le feu vers la clairière où il s'éteindrait de lui-même. Entre-temps, les oiseaux, singes, ours et éléphants se précipitèrent hors de la forêt. Ils étaient désorientés et très effrayés.

Tout à coup, Mowgli pensa à son vieil ami Baloo. Où était-il ? Il dormait toujours comme un loir.

Si personne ne le réveille, il pourrait bien brûler vif. Il fallait que Mowgli fasse quelque chose.

Il bondit courageusement vers l'incendie qui faisait rage, en se baissant pour éviter les branches en flammes qui tombaient. Toute la jungle semblait peinte en rouge feu. Mowgli allait devoir rebrousser chemin lorsqu'il aperçut Baloo qui somnolait près du vieux puits, avec un caillou en guise d'oreiller. L'arbre qui était derrière lui était déjà en flammes! Mowgli donna une bourrade au vieil ours, ce qui le réveilla immédiatement.

Mais le feu était si intense que la fourrure de Baloo commençait déjà à roussir. Mowgli et Baloo semblaient perdus. Alors, au dernier moment, Mowgli poussa Baloo vers le vieux puits. Ils sautèrent dans l'eau. Il était grand temps, car les flammes commençaient déjà à les lécher.

Fatigués et trempés, ils passèrent la nuit à l'abri, Mowgli perché sur les solides épaules de Baloo.

Lorsque le soleil se leva, ils étaient épuisés. Mais en sortant du puits, ils virent que le feu s'était éteint, arrêté par la clairière comme le pensait Mowgli.

Les oiseaux chantaient à nouveau dans les arbres. Et la vie reprit bientôt son cours normal dans la jungle. Mowgli et Baloo se mirent à jouer au soleil.

19

Juin

La hache d'or

Robin des Bois s'était encore manifesté, et le shérif de Nottingham était furieux! Cette fois, c'est sa couronne préférée qui avait été volée. C'était une couronne en or constellée de diamants qui valait une fortune!

— Je vais tendre un piège à ce coquin de Robin des Bois. Quand je l'aurai attrapé, je le mettrai en prison, s'écria le Shérif avec colère.

Alors, il se déguisa et se glissa dans les bois; lorsqu'il se fut approché du camp de Robin, il héla l'un des joyeux compagnons. « Dis à Robin qu'un chariot transportant une hache en or destinée au château passera demain à midi devant le vieux chêne. » Puis le Shérif s'éloigna en riant sous cape.

Lorsque Robin entendit cette histoire, il décida d'essayer de dérober la hache d'or et, le lendemain, lorsque le chariot passa devant le vieux chêne, Robin surgit.

Atchoum : Ces pommes sont-elles vraiment bonnes?
Géo Trouvetou : Il faudrait leur demander.

Mais à l'intérieur du chariot, il y avait le Shérif en personne, accompagné de six de ses meilleurs hommes!

Bien que Robin se défendît vaillamment, ses adversaires étaient trop nombreux et il dut bientôt se rendre.

— Voici la hache d'or, dit le Shérif d'un air moqueur. Dès que nous serons rentrés au chateau, elle servira à te couper les oreilles!

Robin fut attaché à une longue corde derrière le chariot. Il semblait que rien ne pût l'arracher aux griffes du terrible Shérif, à moins que...

— Peuh! dit Robin en riant. Je ne sais même pas si tu arriverais à couper du pain avec cette hache! Le Shérif devint rouge de colère et voulut frapper Robin avec la hache. Mais celui-ci se déroba et ce fut la corde que la hache coupa, libérant Robin qui assomma le Shérif et s'enfuit en emportant la hache. « Elle ira très bien avec la couronne! » dit-il en éclatant de rire.

20
Juin

Clarabelle : Vive Thomas Edison ! S'il n'avait pas inventé la lampe électrique, nous regarderions la télé à la chandelle.

Blanche-Neige se perd

Blanche-Neige avait très envie de se promener dans les bois, de marcher dans l'herbe verte, de respirer l'odeur des fleurs, d'entendre le bourdonnement affairé des abeilles et le doux chant des oiseaux.

Un beau jour, alors que le soleil était comme une balle d'or dans le ciel et que les sept nains faisaient la sieste, elle partit se promener en emportant un panier pour ramasser des baies. Au bout d'un kilomètre, elle s'aperçut qu'elle était perdue.

— Je ne retrouve pas le sentier, murmura-t-elle. Soudain, elle aperçut un mur au sommet duquel se trouvaient de magnifiques grappes de raisin. Hélas, Blanche-Neige était trop petite pour les atteindre.

Elle entendit alors un faible « cui-cui » provenant d'un buisson épineux. Un petit oiseau bleu était accroché par son aile. Blanche-Neige lui rendit la liberté.

A la grande surprise de Blanche-Neige, l'oiseau la remercia en cueillant pour elle les plus belles grappes de raisin. En un instant, le panier fut plein et l'oiseau bleu s'envola avec un « cui-cui » d'adieu.

Le soleil descendait sur l'horizon. Blanche-Neige se mit à la recherche d'un sentier qui la conduirait chez elle. Soudain, elle entendit quelqu'un chanter gaiement sur un chemin.

Je vais suivre Joyeux jusqu'à la maison, se dit Blanche-Neige. Ainsi, ma promenade se sera terminée « joyeusement ! »

21
Juin

A la fête foraine.

Mickey décida d'emmener ses deux neveux à la plage. La journée était si belle que Pluto vint aussi. Les deux garçons eurent tout de suite envie d'aller à la fête.

Ils s'amusèrent sur les autos tamponneuses et montèrent sur le grand huit. Puis ils firent un tour de manège; sur les montagnes russes, les oreilles de Pluto restèrent droit en l'air, comme des antennes.

Les neveux *et* Pluto mangèrent de la barbe à papa qui ressemblait à du coton, tandis que Mickey dégustait des cacahuètes.

— Hé! Où est passé Pluto? demanda soudain Mickey. L'un des neveux désigna un bâtiment un peu plus loin. Il est allé par là, dit-il. Ils se dirigèrent tous les trois dans cette direction et ne tardèrent pas à découvrir qu'il s'agissait du Tunnel des Horreurs.

— Qu'est-ce qui se passe là-dedans? demanda l'un des neveux.

— Eh bien, tu vois, on y attrape une peur bleue, mais en même temps, on s'amuse beaucoup, répondit Mickey.

— Oh! allons-y, dit l'autre, les yeux brillants de joie.

— Très bien! répondit Mickey. Mais si vous avez peur, ce sera bien fait pour vous!

Mickey et ses neveux montèrent donc à bord du Train de l'Horreur qui passa devant des squelettes grimaçants et d'affreuses vieilles sorcières. Il y avait aussi un visage qui luisait dans l'obscurité. Puis ils virent un panneau qui disait: « Attention! Voici le chien de la maison hantée! » C'est alors qu'ils aperçurent DEUX chiens. Et Mickey sursauta lorsqu'un de ces deux chiens sauta dans le train et commença à lui lécher la figure.

Lorsqu'ils sortirent du tunnel, ils éclatèrent de rire, soulagés. Ce n'était que ce bon vieux Pluto, qui avait une drôle de tête avec sa truffe pleine de barbe à papa!

Le landau

22
Juin

Pinocchio était parti se promener. Le soleil luisait gaiement au-dessus des collines et un nuage passait gracieusement, tel un cygne sur un lac.

Le sentier que suivait Pinocchio menait au sommet de la colline Pinocchio se mit à peiner. Mais il lui restait encore assez de souffle pour siffloter.

A mesure qu'il s'approchait du sommet, il se sentait de plus en plus fatigué. Cela faisait longtemps qu'il marchait et à la pensée de devoir refaire tout ce chemin en sens inverse pour rentrer, il se sentait encore *plus* fatigué.

Soudain, il vit une voiture d'enfant dévaler la côte dans sa direction. « Mon Dieu ! » s'écria Pinocchio. « Je ferais mieux de l'arrêter, quelqu'un risquerait de se blesser ». Et, raidissant ses muscles, Pinocchio parvint à arrêter le landau. Il entendit un léger soupir qui venait de l'intérieur et vit que c'était Petit Gourou !

Grand Gourou arriva en sautillant, l'air *très* inquiet.

— Oh ! Merci d'avoir sauvé Petit Gourou, Pinocchio. Le landau m'avait échappé des mains.

— Mais pourquoi Petit Gourou n'est-il pas dans ta poche, comme d'habitude ? demanda Pinocchio.

— Je voulais voir comment c'était dans une voiture d'enfant, répondit celui-ci de sa petite voix en sautant dans la poche de sa mère. Mais maintenant, je sais que je suis plus en sécurité ici.

C'est alors que Pinocchio bâilla très fort.

— Mais est-ce que *toi* tu ne voudrais pas rentrer à la maison dans notre landau ? demanda Grand Gourou.

— Je crois que cela me ferait très plaisir, dit Pinocchio ravi. Je suis *très* fatigué !

23

Juin

Quand le vin est tiré, il faut le boire.

L'inspecteur Massue

Le soleil brillait comme de l'or massif. Le bijoutier se frotta les mains. Il ferait d'une pierre deux coups.

D'une part, Géo Trouvetou venait d'inventer le système d'alarme le plus perfectionné qui soit; d'autre part, Onc'Picsou devait venir ACHETER des bijoux. Le bijoutier était très HEUREUX !

La sonnette retentit et l'un des Rapetou entra, une brique à la main.

Le bijoutier sourit et regarda le plafond. « Tout est en ordre là-haut, Inspecteur Massue? » Puis il appuya sur une pédale qui se trouvait sous le comptoir. BOUM! BOUM! lui fut-il répondu.

Le Rapetou fut tellement surpris qu'il laissa tomber la brique sur son pied. « Ouille! » cria-t-il, puis il tourna les talons et sortit en courant du magasin. Le bijoutier appuya encore une fois sur la pédale pour s'amuser. Boum! Boum! entendit-on.

Il rit en pensant à l'invention astucieuse de Géo, reliée au premier étage à un grand marteau en bois. Chaque fois qu'il appuyait sur la pédale, le marteau frappait le sol par deux fois. Il l'avait baptisé «l'Inspecteur Massue ».

Peu après, Picsou arriva dans sa voiture blindée.

— Soyez le bienvenu, lui dit le bijoutier en se frottant les mains. J'ai sorti mes plus beaux bijoux. Veuillez me suivre au premier.

Oncle Picsou hocha la tête et monta les escaliers, une lueur avide dans les yeux. Lorsque le bijoutier ouvrit le coffret à bijoux, ses mains tremblaient. Pensez donc! Vendre des bijoux à l'Oncle Picsou. Il fallait que tout se passe bien, n'est-ce pas?

La sonnette retentit. « Oh! Zut! » murmura-t-il et il descendit. Et là, dans le magasin, il vit le même Rapetou que tout à l'heure. Il voulait récupérer sa brique! Quel toupet! Furieux, le bijoutier appuya sur la pédale.

— Inspecteur Massue! cria-t-il. Cette fois-ci on entendit un double BOUM! suivi d'un terrible CRAC! Le Rapetou s'enfuit sans demander son reste. Le bijoutier se précipita en haut.

Là, il trouva l'Oncle Picsou assis par terre, l'air étourdi et *très* fâché. L'Inspecteur Massue venait de lui asséner deux coups sur la tête.

— Je ne remettrai plus jamais les pieds ici, grommela l'Oncle Picsou en se précipitant hors du magasin.

Et pourtant, le bijoutier ne put s'empêcher de rire. Surtout lorsqu'il vit les deux bosses sur la tête d'Oncle Picsou scintiller... comme des rubis!

24
Juin

Michou jette un sort

Par une belle journée du mois de juin, les neveux de Mickey, Michou et Jojo, canotaient sur le lac qui scintillait au soleil. Ils s'amusaient beaucoup.

Soudain Mickey, qui était sur le rivage, vit Madame Mim qui partait sur le lac dans une *vieille baignoire.* Il fit signe à ses deux neveux de revenir.

— Regarde ! cria Michou, Oncle Mickey nous fait signe ! Répondons-lui ! A leur tour, ils firent signe à Mickey, sans se rendre compte qu'il leur demandait de revenir.

— Mon Dieu ! Je rêve ! murmura Jojo en se frottant les yeux. Je vois une vieille femme dans une baignoire.

— Ne dis pas de bêtises, soupira son frère. Mais en levant les yeux, il aperçut lui aussi Madame Mim.

Elle parlait toute seule. « Je me demande ce qui se passe avec les formules magiques en ce moment. J'avais pourtant bien dit "canot" et me voilà dans une baignoire ! »

GLOUP ! GLOUP ! GLOUP ! Les neveux de Mickey entendirent le bruit. La baignoire était en train de couler, mais Madame Mim était trop occupée à jacasser pour s'en rendre compte.

— Où est ma baguette magique ? répétait-elle. Où est ma baguette magique ?

Frère Tuck : Est-ce que vous servez des crabes ici ?
Ménéstrel : Nous servons tout le monde !

Elle ne le savait pas, mais la baguette était passée par le trou d'écoulement de la baignoire et elle flottait vers le canot des neveux de Mickey.

— Il faut la sauver ! s'écria Jojo. Alors, ils se mirent à ramer en direction de Madame Mim. Tout-à-coup, l'un des frères aperçut la baguette magique qui flottait sur l'eau. Il la ramassa distraitement. Pendant ce temps, Madame Mim, debout dans sa baignoire et trempée jusqu'aux os, appelait au secours. « Je suis une sorcière, » criait-elle, « vous devez me sauver ! »

— Oh ! J'aimerais tant que vous ne soyez pas une sorcière, soupira Michou qui tenait la baguette magique. Madame Mim se mua instantanément en une jolie princesse. Les deux frères s'approchèrent, et la princesse monta dans leur canot. Surpris, les jumeaux la ramenèrent vers le rivage sans dire mot. Lorsqu'ils accostèrent, Mickey les regarda d'un air étonné. « Qui est-ce ? » dit-il galamment en ajustant son nœud de cravate.

— C'est une sorcière, murmura Jojo.

— Ne dis pas de bêtises. Les sorcières sont laides et elles ont une baguette magique, dit Mickey en riant. C'est alors qu'il aperçut la baguette dans les mains de Michou.

— Oh ! non ! soupira-t-il, j'espère que tout cela n'est qu'un rêve et que je vais me réveiller sain et sauf dans mon lit.

Et c'est bien ce qui arriva !

25
Juin

Baloo : Que fait cette mouche dans ma glace ?
Dingo : Je suppose qu'elle aime les sports d'hiver !

Un cœur d'or

Donald avait invité Oncle Picsou à dîner. Après un bon repas, ils s'assirent dans un fauteuil pour bavarder. Dehors, les oiseaux chantaient et le soleil scintillait au loin entre les collines.

— Ah ! soupira Donald. On peut dire que les choses les plus agréables dans la vie sont gratuites.

— Quoi ? s'écria Oncle Picsou. Je n'ai jamais entendu de pareilles sornettes. *L'argent* achète TOUT !

Donald rit. « Et le bonheur ? Est-ce qu'il peut acheter le bonheur, le chant des oiseaux, l'éclat du soleil ? »

— Bah ! murmura le vieux grippe-sou. Qui peut bien souhaiter être heureux ? De toute façon, j'ai mal à mon vieux bec quand je souris aujourd'hui.

— Tu sais, Oncle Picsou, tu passes à côté des plus belles choses de la vie, lui répondit Donald. Et chacun sait qu'elles sont GRATUITES.

— Parle-moi plutôt de l'éclat de l'or, du scintillement des diamants, du froissement des billets de banque, ricana le vieux grigou.

— Tout cela est très bien, répliqua Donald avec sérieux. Mais tu ne souris jamais. Tu es de mauvaise humeur. Tu vis dans la crainte d'être dévalisé. Regarde un peu l'effet que cela te fait...

A ce moment-là, on frappa à la porte. Donald alla ouvrir. C'était Blanche-Neige.

— Bonjour Donald ! Je t'apporte une grappe de raisin de mon jardin. Blanche-Neige aperçut alors Oncle Picsou. « Et donnes-en aussi à Oncle Picsou, » s'il te plaît ! ajouta-t-elle en lui tendant une deuxième grappe.

Donald eut à peine le temps de dire « Merci ! ». Blanche-Neige était déjà repartie.

— C'est... c'est très généreux de sa part, grommela Oncle Picsou qui ne comprenait pas qu'on puisse être aussi gentil. Elle doit avoir *beaucoup* d'argent !

— Pas du tout ! répondit Donald en souriant. Elle a tout simplement un CŒUR d'or !

26
Juin

Tweedledum : Pourquoi mets-tu la chaussure droite d'abord ?
Tweedledee : Parce que je me lève du pied gauche !

Sérénade pour Wendy

Wendy n'allait pas bien du tout. Michel et Jean lui avaient apporté du raisin et des oranges, Peter Pan lui avait rendu visite et lui avait raconté ses extraordinaires aventures. Elle avait même reçu un télégramme du capitaine Crochet. Mais à vrai dire, aucune de ces délicates attentions ne semblait l'aider à guérir.

Mouche lui avait donné une potion très forte qui sentait la réglisse et le docteur avait dit que c'était très bon pour elle. Mais Wendy n'allait toujours pas mieux.

Dehors, la vie suivait son cours. Les garçons jouaient à la balle avec des amis, Mouche était assis dans une chaise longue et devenait rouge comme un homard, la campagne était couverte de jolies fleurs. Mais la pauvre Wendy ne guérissait pas.

Clochette avait appris que Wendy était malade. Une nuit, elle entendit Wendy murmurer « Robin » dans son sommeil.

Peter Pan eut vite fait de lui dire que ce n'était pas Robin des Bois que Wendy appelait, mais un rouge-gorge nommé Robin.

Elle apprit aussi que l'oiseau avait l'habitude de chanter sur le rebord de la fenêtre de Wendy pendant tout l'automne, tout l'hiver et jusqu'au début de l'été. Un matin, il n'était pas venu sur son perchoir favori. Et c'est CE JOUR-LÀ que Wendy était tombée malade.

Clochette réfléchit un instant, puis elle se mit à voleter au-dessus des jardins du voisinage. Elle demanda à Mouche s'il avait vu le rouge-gorge, mais il secoua la tête et retourna dans sa chaise-longue. Puis elle questionna Michel et Jean. Mais, bien qu'ils aient entendu le rouge-gorge chanter la semaine dernière, ils ne l'avaient malheureusement pas vu.

Clochette explora les rosiers, les buissons de houx, les fleurs odorantes et les vertes prairies. Soudain, près d'une cabane en ruines, au fond du jardin de Mouche, Clochette entendit un léger « cui-cui ». Elle découvrit tout de suite l'oiseau. Il avait une aile blessée et il était très, très faible.

— Es-tu le rouge-gorge qui chante devant la fenêtre de Wendy ? demanda Clochette.

— Oui, répondit le pauvre oiseau. Mais je ne peux plus voler à cause de mon aile blessée.

— Si je guéris ta blessure, est-ce que tu me promets que tu chanteras à nouveau pour elle, lui demanda Clochette.

— Bien sûr, je te le promets, gazouilla le rouge-gorge. J'ADORE chanter à cet endroit !

Clochette récita alors une petite prière pour l'oiseau blessé, qui vola droit vers la fenêtre de Wendy pour y chanter. Un sourire heureux illumina le visage de Wendy qui ne tarda pas à guérir.

27

Juin

Une curieuse averse

Donald faisait un gigantesque puzzle. Malheureusement pour lui, ses neveux Riri, Fifi et Loulou tenaient absolument à l'aider.

— C'est mon puzzle, cria Donald. Allez jouer dehors !

Mais les enfants n'avaient pas du tout envie de sortir. Ils préféraient embêter Donald.

— Il va pleuvoir Onc'Donald ! s'écria Riri en regardant par la fenêtre.

— Il y a un gros nuage dans le ciel, renchérit Fifi.

— UN TRÈS GROS NUAGE NOIR ! ajouta Loulou.

— Balivernes ! répliqua Donald. DEHORS !

Quelques minutes plus tard, ils étaient de retour.

— Onc'Donald, il pleut ! cria Riri.

— Une vraie giboulée de mars, ajouta Fifi.

— Nous ne pouvons pas sortir MAINTENANT ! conclut Loulou.

Donald regarda par la fenêtre en soupirant. Ses neveux avaient raison, il pleuvait à verse.

— C'est bon, grommela Donald. Vous avez gagné !

Ils continuèrent donc à aider Donald à assembler son puzzle, en mettant bien sûr toutes les pièces à la mauvaise place. Donald s'énervait de plus en plus.

Soudain, il leva les yeux et, à travers la fenêtre constellée de goutelettes, il aperçut Daisy qui remontait l'allée du jardin.

— Hé ! qu'est-ce qui lui prend ! Sortir sous la pluie sans parapluie. Elle va être TREMPÉE !

Il courut lui ouvrir et s'aperçut alors à sa grande surprise que les vêtements de Daisy étaient SECS !

— Bonjour Donald ! dit Daisy en souriant. Pourquoi ta douche pend-elle par la fenêtre de la salle de bains ?

— Quoi !? hurla Donald. Il se précipita dehors. Eh oui ! La douche pendait bien le long du mur et c'est elle qui arrosait la fenêtre.

— Grr ! Mes neveux ! Ce sont eux qui ont fait cela pour me faire croire qu'il pleuvait ! Attends que je mette la main sur eux !

Mais Riri, Fifi et Loulou bousculèrent Donald et s'enfuirent sans demander leur reste.

— Non merci, Onc'Donald ! Nous préférons ne pas attendre. Après tout, nous allons jouer dehors !

Danger !

28
Juin

Bambi, le petit faon, était parti se promener avec ses amis Fleur la mouffette et Pan-Pan le lapin. Ils arrivèrent près d'un grand champ entouré d'une clôture. Devant la barrière, il y avait un panneau : DANGER ! TA... « Traversons ce champ », dit Pan-Pan que cette belle herbe verte tentait beaucoup.

— Mais... le panneau? répondit Fleur un peu inquiète. Il nous dit de faire attention à quelque chose. C'est peut-être dangereux.

— Qu'est-ce qui pourrait bien être dangereux et commencer par TA... ? Essayons de trouver ! dit Bambi. Un taon lui frôla les oreilles.

— Je sais ! DANGER ! TAONS ! s'écria-t-il.

— Mais non ! répondit Pan-Pan. Ce ne sont pas des taons qui nous empêcheraient de traverser ce champ !

Fleur aperçut alors une taupe qui sortait de son terrier.

— J'ai trouvé ! Danger, TAUPES ! s'écria-t-elle.

— Danger TAUPES ! répliqua Pan-Pan en s'esclaffant. Mais voyons ! Les taupes sont inoffensives ! Si vous ne trouvez vraiment que ça pour nous faire peur, moi, je traverse ce champ sans hésiter.

Pan-Pan se glissa sous la clôture et gambada jusqu'au milieu du champ. Soudain, il aperçut un très gros animal. Il avait un anneau dans le nez, deux cornes et, lorsqu'il vit Pan-Pan, il inclina la tête et commença à gratter le sol avec son sabot et à gronder de façon inquiétante.

— Oh mon Dieu ! s'écria Pan-Pan. Je me souviens maintenant de quelque chose de dangereux qui commence par TA ! C'est un TAUREAU ! AU SECOURS !

Pan-Pan s'élança vers la clôture, le taureau sur ses talons. Il réussit juste à temps à se glisser hors du champ.

Bambi, Fleur et Pan-Pan détalèrent vers la forêt en se jurant de faire désormais attention aux panneaux « DANGER » !

29
Juin

Au Pays des Merveilles

C'était une belle journée d'été! Un cadre idéal pour un conte de fées. Alice venait juste de prendre le bus pour aller rendre visite à une amie.

— Ce bus descendra dans le premier terrier que nous rencontrerons, déclara le receveur qui n'était autre que le Lièvre de Mars. Et ils partirent!

A sa grande surprise, Alice aperçut alors tous ses amis du Pays des Merveilles. Cheshire Cat, la Reine de Cœur, le Charpentier et le Morse, la Chenille, le Loir et le Lapin Blanc.

— Oh mon Dieu! Comme au bon vieux temps, dit Alice en souriant. Mais je *dois* aller voir mon amie! Elle se leva et tira le cordon pour essayer d'arrêter le bus. Mais celui-ci se mit au contraire à aller de plus en plus vite et Alice ne fut pas longue à comprendre que c'était le Chapelier Fou qui conduisait.

— Qu'on les décapite, s'écria soudain la Reine de Cœur.

— Nous voilà repartis, pensa Alice. S'il vous plaît, les amis, cria-t-elle. Arrêtez ce bus. Je dois rendre visite à une amie. C'est son anniversaire!

— Très bien! Arrêtez! ordonna le Lièvre.

— Quelqu'un a appelé? demanda le Chapelier Fou en écrasant le frein.

— Qui est donc ton amie, chère enfant? demanda la Reine de Cœur.

— C'est Cendrillon, répondit Alice. Et, en se retournant, elle vit Cendrillon qui arrivait au fond du bus, comme dans un vrai conte de fées.

— Eh bien! murmurèrent les passagers.

— Bonjour Cendrillon! dit Alice. « Bonjour Alice! » répondit Cendrillon.

— Bon anniversaire, Cendrillon! dirent en chœur les passagers.

— Reste donc avec nous pour le goûter! invita le Chapelier Fou. Il sera succulent!

— Merci! Mais nous sommes arrivées! répondirent Alice et Cendrillon en descendant du bus. Et c'est ainsi que, poliment, prit fin ce conte de fées.

Mickey et son bolide

30
Juin

Plaque d'immatriculation : MM1. *Vroum! Vroum!* Mickey traversait la ville en trombe dans sa nouvelle voiture. *Tuut! Tuut!* Otez-vous de mon chemin ! criait-il aux passants. Les pneus crissaient. Les gens s'écartaient, affolés. *Vroum!* Le bolide frôlait les trottoirs en soulevant des nuages de poussière.

Les neveux de Mickey, qui passaient par là, hochèrent la tête.

— Quel triste spectacle, dit l'un.

— Ça, tu peux le dire, répliqua son frère. Onc' Mickey conduit vraiment comme UN FOU.

— Cette voiture lui est montée à la tête, intervint Dingo. Je propose que nous fassions quelque chose.

— Oui, mais quoi ? répondirent les jumeaux.

— Eh bien... heuh... dégonfler ses pneus, par exemple...

— Je sais ! dit soudain Jojo. Si Onc'Mickey croyait — je dis bien CROYAIT — qu'il a écrasé Dingo, je suis sûr qu'il s'arrêterait aussitôt de conduire !

Le visage de Dingo s'assombrit. « Oui, mais c'est dangereux ! On ne pourrait pas plutôt... ».

Vroum ! Vroum ! « C'est le moment ou jamais, Dingo ! » dirent les jumeaux. « Vas-y ! »

Dingo sauta. *Hiiii ! Crac !* OUILLE !

— Oh là là ! Qui m'a renversé ? demanda Dingo qui voyait trente-six chandelles.

— Oh zut ! Ça n'est pas Onc'Mickey, constata Jojo.

— C'est Onc'Picsou, et Dingo a plié son pare-chocs. Il vaut mieux que nous décampions !

Pendant ce temps, Mickey filait sur la grand-route.

— Cent à l'heure, s'écria-t-il ravi. Et l'aiguille continuait à monter. C'est magnifique ! Personne ne peut plus me dépasser !

Mais le spectacle qui s'offrit alors à ses yeux laissa Mickey bouche-bée. *Zoum !* Il vit d'abord passer ses neveux avec à leurs trousses Dingo, lui-même poursuivi par Onc'Picsou, qui agitait sa canne d'un air furieux.

— Il faut que je fasse contrôler ma vue, murmura Mickey. Mes neveux ont raison. Je ferais mieux de renoncer à conduire !

1
Juillet

Le Lapin Géant

Que faut-il prendre avant de commencer à chanter ?
Sa respiration.

Basile n'arrêtait pas d'ennuyer Bibi Lapin. Celui-ci en avait presque perdu le sommeil. Même dans ses rêves, Basile le poursuivait. Il le voyait qui s'approchait de plus en plus près, jusqu'à ce qu'il se réveille en sursaut, tremblant de peur.

Un matin, Bibi décida qu'il fallait que cela cesse. Il allait se construire un bateau et émigrer vers une île lointaine où il vivrait enfin en paix.

Il commença donc à ramasser des morceaux de bois. Il fallait que le bateau soit vraiment solide et Bibi décida de demander conseil à Boniface.

Crac ! Crac ! Boum ! Boum ! A en juger par le bruit, Boniface ne devait pas être bien loin. Il suffisait de suivre ses traces dans la boue pour le trouver. Mais c'est justement en voyant ces traces que Bibi Lapin eut une idée si fabuleuse, qu'il renonça même à trouver Boniface !

Bibi Lapin se mit à la recherche d'un ÉNORME morceau de bois ayant la forme d'une patte de lapin. Lorsqu'il l'eut trouvé, il retourna vers son terrain de jeu favori et y creusa un grand trou.

Tout autour de ce trou, Bibi traça de gigantesques empreintes de lapin avec son morceau de bois. Puis il se mit à la recherche de Basile à qui il préparait un bon tour.

Basile somnolait doucement et il n'était pas du tout content d'être réveillé, surtout par Bibi Lapin.

Il se mit donc immédiatement à sa poursuite, la mine gourmande.

Bibi fit le tour des marais, passa la colline et poussa une pointe de vitesse pour pouvoir atteindre son terrain de jeu avec une bonne avance sur Basile. Là, il se cacha derrière un arbre et attendit.

Basile arriva en courant dans la clairière et il faillit bien tomber dans le trou tant il était surpris ! « Sapristi ! » dit-il haletant. « C'est un lapin géant qui doit vivre là-dedans ! Je ne remettrai plus jamais les pieds par ici ! » Et, tremblant de peur, Basile s'enfuit chez lui la queue entre les jambes. Désormais, Bibi Lapin pourra venir jouer à sa guise dans cette partie de la forêt !

2
Juillet

Dizzy : Mon frère se prend pour un cheval !
Flaps : Ce doit être pénible !
Dizzy : Pas toujours. Hier, il a gagné le tiercé.

Le sac noir

Deux des Rapetou avaient passé la journée à bâiller en attendant le retour de leur frère. Il était parti en reconnaissance pour repérer quelque mauvais coup à faire. Il arriva enfin vers quatre heures, la mine sournoise.

— Hé ! Hé ! dit-il. J'ai une affaire à vous proposer pour demain.

— Chez le vieux Picsou ? demandèrent les deux autres.

— Naturellement ! Demain, à deux heures, il attend une livraison de lingots d'or !

— Comment as-tu découvert cela ?

— Je me suis caché dans sa poubelle ! C'est là que je l'ai entendu en parler. Alors, comme il y a trois poubelles devant sa porte, nous nous y cacherons tous les trois. Voilà !

— Quelle idée géniale, s'exclamèrent ses frères, admiratifs.

Le lendemain, à deux heures, les trois frères se dissimulèrent donc dans les poubelles. Ils entendirent bientôt un coursier qui frappait à la porte de l'Oncle Picsou. Il portait un lourd sac noir.

Les Rapetou jaillirent alors de leurs poubelles, se jetèrent sur le coursier et, avant même qu'Oncle Picsou ait pu intervenir, ils s'enfuirent avec le sac. Arrivés chez eux, ils ouvrirent le sac en hâte.

— Oh non! s'exclamèrent-ils. A l'intérieur, il y avait dix lourdes boîtes de métal sur lesquelles était inscrit « LINGOT ANTI-VOL GÉO TROUVETOU ».

Furieux, les deux Rapetou attrapèrent leur frère et le précipitèrent la tête la première dans *leur propre poubelle*. Que voulez-vous qu'un voleur fasse d'un dispositif anti-vol?

3
Juillet

Jojo : L'orchestre de l'école a joué du Mozart hier soir.
Michou : Est-ce qu'il a assisté au concert ?

La course de brouettes

Ce jour-là Dingo, très excité, se rendit avec Mickey à une journée sportive qui avait lieu dans le parc. La liste des courses était affichée sur les arbres.

— Tu dois inscrire ton nom sur l'affiche si tu veux participer à une course, Dingo ! expliqua Mickey.

— Sapristi ! Je ne sais QUELLE course choisir, murmura Dingo, perplexe.

— La course de l'œuf et de la cuillère ? se dit-il. Non, je n'ai pas d'œuf ! La course sur TROIS jambes ? Non, je ne peux pas, je n'ai que DEUX jambes !

Horace s'approcha. Il portait une cocarde bleue, car c'était lui le juge.

— Dépêchez-vous de vous inscrire, les amis; la première course va bientôt commencer ! cria-t-il, l'air important.

— Ah ! la course de brouettes ! Voilà quelque chose pour *moi* ! murmura Dingo en griffonnant son nom au bas de la liste.

Horace agita son drapeau et la course de l'œuf et de la cuillère commença. Mickey avançait en courant; son œuf se balançait sur la cuillère. C'était TRÈS délicat.

— Vas-y, Mickey ! cria Minnie. Mais Mickey trébucha et son œuf alla s'écraser par terre. « Flûte ! » soupira Mickey, « je croyais que c'étaient des *œufs durs* ! »

Comme il ne participait pas à la course suivante, il se mit à la recherche de Dingo. Où pouvait-il bien être ? On s'amusait tant ici !

Ce fut enfin le tour de la course de brouettes.

— Tout le monde sur la ligne de départ ! ordonna Horace. Il vérifia la liste. Où est Dingo ? demanda-t-il.

— Je ne sais pas, répondit Mickey. Il a disparu.

— Nous allons devoir commencer sans lui, dit Horace.

A ce moment, Mickey aperçut Dingo qui arrivait en courant.

— Attendez-moi ! Attendez-moi ! criait-il.

— Dingo ! demanda Mickey. Qu'est-ce que c'est que ça ?

— Ma brouette, bien sûr; pour la course de brouettes, dit Dingo haletant en poussant une vieille brouette toute rouillée qui menaçait de tomber en pièces.

Horace dévisagea Dingo d'un air surpris

— Une brouette ! Mais tu n'as pas besoin d'une VRAIE brouette pour la course de brouettes !

Dingo était intrigué !

— Je ne vois vraiment pas comment on pourrait faire une course de brouettes sans brouettes !

Mickey lui expliqua, amusé :

— C'est une course de brouettes *humaines*, Dingo. Elle se court par couples. Une personne avance sur ses mains tandis que son partenaire court derrière elle en lui tenant les chevilles comme si c'étaient les poignées d'une brouette.

— Sapristi ! s'écria Dingo. Pourquoi ne me l'a t-on pas dit plus tôt ?

Horace toussota, furieux

— Hum ! hum ! Est-ce que tu participes à cette course Dingo, oui ou non ? Décide-toi ! Je vais donner le départ.

Dingo se rembrunit.

— Mais je n'ai personne pour faire la deuxième moitié de ma brouette !

— Mais si ! lui dit Mickey. Tu feras l'avant et moi l'arrière !

— Youpi ! se réjouit Dingo. Il mit les mains par terre et Mickey attrapa ses jambes.

— En avant, toutes ! s'écria Mickey. Et Dingo s'élança sur la piste tandis que Mickey s'agrippait à ses chevilles.

Dingo et Mickey formaient une brouette très vacillante. Minnie les encourageait. « Vas-y Mickey ! Vas-y Dingo ! Vous êtes en tête. Ne tombez pas ! »

Mickey et Dingo firent un dernier effort et passèrent de justesse la ligne d'arrivée avant de s'écrouler dans l'herbe.

— Très bien ! s'exclama Horace. Mickey et Dingo ont gagné le prix !

Et devinez quel était le prix ? C'était une superbe brouette NEUVE, jaune et rouge, remplie de plantes vertes !

— Je prendrai les plantes, Dingo, dit Mickey d'un air taquin et TOI, tu prendras la brouette, parce que je crois que la tienne ne réussira même pas à faire le chemin du retour !

— Oh merci, Mickey, répondit joyeusement Dingo, tu es vraiment un CHIC type !

4
Juillet

Le trésor secret de Pluto

C'était une belle journée d'été; le vent faisait tourbillonner les feuilles. Pluto cheminait dans les bois en agitant gaiement la queue. C'était son anniversaire, et il avait l'air très content de lui.
« Je suis vraiment un chien très intelligent », pensait-il en serrant précieusement la carte au trésor qu'il tenait entre ses dents.

De l'autre côté du chemin, Riri, Fifi et Loulou jouaient à cache-cache dans les pâquerettes. Chacun, à tour de rôle, faisait semblant d'être l'Oncle Picsou et poursuivait les autres. Ce qu'ils ne savaient pas, c'est qu'Oncle Picsou lui-même les suivait à distance.

Soudain, ils aperçurent Pluto et se précipitèrent vers lui.

— Bon anniversaire ! cria Riri. Hé ! Qu'est-ce que c'est ? La carte d'un trésor ?

— Ouaf ! Ouaf ! répondit Pluto. Hélas ! Juste au moment où il aboyait, un coup de vent emporta la carte qui vint atterrir aux pieds de l'Oncle Picsou.

Mickey : Pourquoi arrives-tu en retard à l'école ?
Michou : J'ai vu un panneau : « Ralentissez-Ecole ». C'est ce que j'ai fait.

Riri se précipita, mais Oncle Picsou s'était déjà emparé de la carte et s'enfuyait en ricanant dans le sous-bois.

— Je suis vraiment désolé Pluto ! dit Riri.

Pluto baissa la tête et se mit à hurler.

Plus tard, alors qu'ils sortaient de la forêt, les trois frères entendirent un bruit de bêche. Ils s'approchèrent doucement et, à travers un buisson, ils aperçurent Oncle Picsou qui creusait frénétiquement. « Qui cherche trouve ! Qui va à la chasse perd sa place ! » chantonnait-il.

— Oh ! Que pourrions-nous faire pour l'arrêter, s'écria Riri d'un air désolé. Mais il s'arrêta brusquement, devint tout rouge et s'exclama rageusement : « Tonnerre ! Ce n'était qu'un vieil *os* ! ».

— Ha ! Ha ! ricanèrent les enfants. Sacré vieux Pluto ! L'Oncle Picsou était bien sûr furieux et il s'en alla en tempêtant.

Lorsque Riri ramassa l'os, il vit qu'un message y était attaché : « Joyeux Anniversaire Pluto ! De la part de Cendrillon qui ne sera malheureusement pas là pour te le souhaiter elle-même ! »

— Eh bien, dit Fifi en riant. Allons rapporter son os à Pluto. Après tout, nous, nous pouvons lui souhaiter un joyeux anniversaire !

5
Juillet

La vengeance de Crochet

Le Capitaine Crochet avait décidé de se venger du crocodile qui lui avait arraché la main. Il méditait sa vengeance.

Une nuit, alors qu'il s'apprêtait à se coucher, il fit tomber le réveil sur son pied. « Ouille ! » s'écria-t-il. Mais pas *trop* fort, car il ne voulait pas réveiller ses voisins.

La vue du réveil et son bruit, TIC-TAC, lui rappelèrent bien sûr son ennemi le crocodile, car celui-ci avait avalé un réveil qui faisait TIC-TAC dans son estomac.

C'est alors que le Capitaine Crochet eut une idée. Si seulement il pouvait faire sonner le réveil dans le ventre du crocodile, ce serait une bonne leçon !

Le Capitaine Crochet ne se coucha donc pas tout de suite. Il alla trouver Géo Trouvetou, le célèbre inventeur.

— Géo, lui dit le Capitaine, pourrais-tu inventer un dispositif ingénieux permettant de déclencher la sonnerie d'un réveil ?

— Et où est ce réveil ? demanda Géo.

— Dans un crocodile... répondit le Capitaine Crochet. Géo fouilla donc parmi ses inventions et finit par trouver ce qu'il cherchait.

Alice : Quand le café est-il moulu ?
Lapin Blanc : Quand il a trop couru !

— Faites attention quand vous déclenchez le mécanisme, avertit Géo, car si l'invention se trouve à ce moment-là à proximité d'un objet en métal, elle le transformera en CLOCHE !

Le Capitaine se contenta de rire, puis retourna se coucher.

Le lendemain, il partit à la recherche du crocodile qui faisait TIC-TAC. Il inspecta la rivière, observa, attendit. Il vit de nombreux crocodiles, mais pas SON crocodile.

Un jour, il écoutait avec tellement d'attention qu'il prit sa propre montre pour le crocodile. Croyant que celui-ci s'approchait, il tira l'invention de sa poche et la mit en marche sans réfléchir. Aussitôt, le crochet de métal qui lui servait de main se transforma en CLOCHE !

— Oh non ! soupira-t-il. Géo m'avait pourtant prévenu ! Et jusqu'à ce qu'il arrive chez lui, le moindre de ses pas pouvait être entendu à des kilomètres à la ronde, avertissant LE crocodile de ne pas s'approcher. Pauvre Capitaine Crochet ! La seule chose qu'il retira de l'aventure, ce fut... un nouveau crochet !

6
Juillet

Le voilier de Donald

Tout au long du printemps, Donald avait construit un voilier. Ses neveux Riri, Fifi et Loulou l'avaient bien sûr aidé. L'été venu, le bateau fut enfin terminé. Ils le baptisèrent « COIN-COIN ». Demain, ils le lanceraient enfin sur les flots. Tous quatre étaient très excités.

— Youpi ! s'exclamèrent les enfants.

Le lendemain à l'aube, Donald et ses neveux accrochèrent COIN-COIN à la voiture et se mirent en route.

Mais quelle déception ! Donald les avait conduits vers une baie tranquille. Or, la plage était couverte d'ordures — papiers, boîtes de conserve, ficelle et même les roues d'un landau. Pire encore ! Le vent venait de se lever et la mer était très agitée.

— Désolé, les enfants ! Pas de voile aujourd'hui ! dit Donald tristement. La mer est beaucoup trop forte.

— Oh ! Onc'Donald, gémirent les trois enfants. Quel dommage d'avoir fait tout ce chemin pour rien !

Les larmes aux yeux, Fifi avait commencé à ramasser les ordures et à les jeter dans une poubelle. Riri et Loulou l'imitèrent. C'était un travail pénible, mais la plage fut bientôt propre et nette — comme elle aurait toujours dû l'être.

Il ne restait que la ficelle et le landau. Donald était vraiment fier de ses neveux.

— J'ai trouvé dit-il soudain. Nous pouvons fabriquer un voilier des sables ! Il suffit d'attacher le voilier sur les roues du landau et de se mettre dans la direction du vent. Et c'est ce qu'ils firent.

Comme le vent était fort, ils s'en donnèrent à cœur joie sur une belle plage bien propre.

L'arc-en-ciel

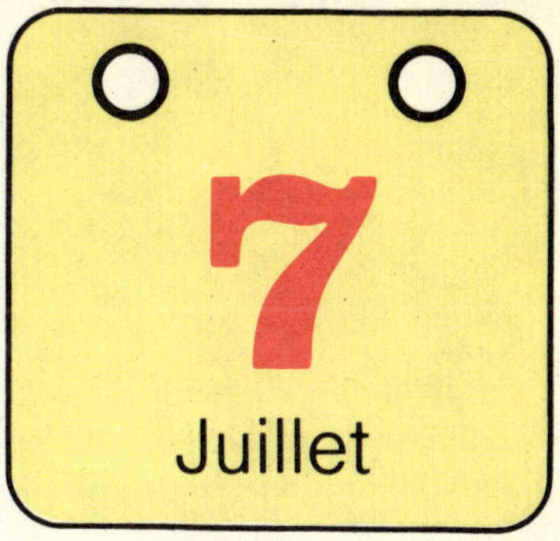

Un matin, Pinocchio s'éveilla en se frottant les yeux.
— Oh ! s'écria-t-il étonné, je n'aurais jamais cru que des fleurs puissent être si belles ! Il regardait le jardin par la fenêtre. Jiminy arriva en sautillant sur le rebord de la fenêtre.

— Tu as dit quelque chose, Pinocchio ?

— Oui, Jiminy, répondit Pinocchio en riant. J'admirais ces merveilleuses fleurs dans le jardin.

Jiminy sourit.

— Oui ! L'été a toujours été ma saison préférée. Regarde un peu l'éclat de leurs couleurs !

— Je crois que je vais peindre, décida Pinocchio; je vais descendre ma boîte de couleurs au jardin et je vais peindre ces jolies fleurs.

— Très bien ! déclara Jiminy. Et moi, je te regarderai faire ! Pinocchio s'assit dans le jardin et se mit à peindre sous les yeux de Jiminy. Ni l'un ni l'autre n'aperçurent le gros nuage noir qui s'approchait.

La pluie se mit soudain à tomber et Pinocchio et Jiminy coururent se mettre à l'abri.

Après l'orage apparut le soleil. Et là-bas, dans le ciel, se dessinait le plus beau des arcs-en-ciel.

Mais Pinocchio ne le voyait pas. Il pleurait parce que la pluie avait effacé les couleurs de son tableau.

— Ne t'en fais donc pas, dit une voix pleine de douceur. Pinocchio leva les yeux et aperçut la Fée Bleue. Elle lui avait apporté sept pots de couleurs éclatantes.

— Je les ai prises directement dans cet arc-en-ciel, dit-elle doucement.

— Oh merci, chère Fée Bleue ! répondit Pinocchio en essuyant ses larmes.

8
Juillet

Jean-Christophe : Où t'envoles-tu comme ça ?
Winnie : Vers la Grande Ourse !

La Reine de la soirée

Cendrillon était encore en train de laver le linge de sa belle-mère et de ses deux demi-sœurs. « Lave-nous nos plus belles robes, ordonna la belle-mère, car *nous* sortons ce soir ! ».

Cendrillon dut donc laver les trois plus belles robes que l'on puisse imaginer. Puis elle les étendit sur la corde à linge pour les faire sécher.

Dehors, dans le jardin ensoleillé, Cendrillon aperçut des oiseaux qui avaient faim. Elle leur jeta quelques miettes de pain. Deux hirondelles arrivèrent aussi pour profiter du festin. Mais dès que la belle-mère s'aperçut que Cendrillon nourrissait les oiseaux, elle sortit pour la réprimander. « Laisse les oiseaux trouver leur pitance tout seuls, » lui dit-elle durement. « Et *toi*, retourne à ton travail ! »

Cendrillon était très triste, parce que les oiseaux étaient ses amis et que leurs chants lui réchauffaient le cœur.

— Je parie que tu aimerais avoir une aussi jolie robe que la nôtre, lui dit méchamment l'une des demi-sœurs.

— Et *moi*, je parie qu'elle aimerait venir au bal avec nous, ajouta l'autre.

Mais la première demi-sœur avait remarqué que les robes étaient loin d'être sèches. « Nos robes ne seront jamais prêtes pour ce soir ! » se lamenta-t-elle.

Les deux hirondelles s'approchèrent alors et prirent chacune une extrémité de la corde à linge dans leur bec. Puis elles s'envolèrent.

La belle-mère arriva en courant, furieuse.

— Ces horribles oiseaux ! cria-t-elle à Cendrillon. Ce ne serait pas arrivé si tu ne les avais pas nourris !

Mais Cendrillon savait que ce n'était pas vrai.

— Elles essaient de nous aider, répondit-elle doucement. Elles essaient vraiment. En volant très vite dans le ciel avec les vêtements, elles les feront sécher plus vite !

Et c'est ce qui arriva. Mais lorsque les hirondelles ramenèrent les robes, la belle-mère et les demi-sœurs les prirent sans un mot de remerciement.

— Ne t'inquiète pas, dirent les hirondelles à Cendrillon lorsque les méchantes femmes furent parties. C'est ta marraine qui nous envoie te dire que ce soir, toi aussi tu iras au bal. Ta robe sera plus belle que notre plumage et tu seras la Reine de la soirée.

9
Juillet

Une leçon de Merlin

Merlin et Moustique se promenaient. Merlin portait un fagot que Moustique l'avait aidé à ramasser. Alors qu'ils passaient devant un bouquet d'arbres, deux voleurs surgirent. Ils demandèrent à Merlin de leur remettre tout ce qu'il possédait. Il leur jeta son fagot et aussi son chapeau d'enchanteur. Les voleurs s'en emparèrent et s'enfuirent.

— Pourquoi donc as-tu fait cela? demanda Moustique surpris. Tu aurais certainement pu leur donner une bonne leçon?

Naf-Naf : Qu'est-il arrivé à ton pneu?
Nouf-Nouf : J'ai croisé un hérisson.

— Non! Je vais te raconter une histoire, répondit Merlin souriant. Et si tu m'écoutes attentivement, ce sera peut-être une leçon pour TOI!

« Il était une fois un vieil homme très bon. Il vivait dans une simple cabane, au sommet d'une montagne. Une nuit, alors que la lune brillait, un voleur se hissa au sommet de la montagne pour voler le vieil homme.

« Mais lorsque le voleur, épuisé, eut atteint la cabane, il se rendit compte qu'il n'y avait *rien* à voler!

« A ce moment, le vieil homme arriva. « Tiens! dit-il en riant, prends mon manteau ». Le voleur, étonné, saisit le manteau et dévala la montagne. Le vieil homme sortit et s'assit au clair de lune, en paix avec lui-même. « Pauvre voleur, soupira-t-il, je lui aurais aussi donné la lune, si elle avait été à moi ». »

Moustique secoua la tête.

— Je ne comprends pas très bien, dit-il.

Merlin sourit.

— Quand tu seras grand!, expliqua-t-il, tu comprendras peut-être qu'un homme vraiment HEUREUX n'a PAS ENVIE de voler.

10
Juillet

L'anniversaire du Roi Louie

Le pauvre Louie, le roi des singes, s'était cassé une jambe. Il devait marcher avec des béquilles. Il ne pourrait plus grimper aux arbres pendant un bon moment. Il se rendit donc dans un endroit où l'on soignait les singes malades. Mais il ne tarda pas à détester cet endroit. Il eut vite fait de fabriquer une fronde et une catapulte avec lesquelles il bombardait les vautours.

Un jour, cependant, il faillit se casser l'autre jambe en essayant de grimper à un arbre. Il finit donc par se calmer et attendit avec impatience le jour de son anniversaire, pour voir ce que ses amis lui offriraient.

La plupart des singes décidèrent de lui apporter des bananes, et Mowgli les imita.

Mais hélas ! Lorsque Mowgli et les singes arrivèrent, la première chose qu'ils virent près de l'abri du Roi Louie, ce fut un bananier. Alors, ils abandonnèrent toutes leurs bananes derrière un buisson.

Le Roi Louie était bien sûr très heureux de voir ses amis. Ils chantèrent pour lui, dansèrent et s'amusèrent beaucoup. Et la lune était déjà levée depuis longtemps lorsque les visiteurs prirent congé en chantant « Joyeux Anniversaire ». Mowgli, qui s'attarda un peu plus que les autres, s'aperçut que le sourire insouciant de Louie dissimulait une certaine tristesse.

— Pourquoi es-tu triste, Louie ? demanda Mowgli.

— Oh ! Pour rien, petit homme, répondit le roi des singes. Seulement, comme je suis blessé, je ne peux pas grimper sur le bananier. Je dois attendre que les fruits tombent. Je pensais que mes amis m'en auraient apporté quelques-uns !

Mowgli sourit : « Mais bien sûr ! Tes amis ne t'ont pas oublié ! ». Et il entraîna le Roi Louie derière le buisson où étaient cachées les bananes.

Un vol manqué

C'était une chaude journée. LesRapetou étudiaient, plongés dans un même livre : *Le manuel du Parfait Voleur, par A. Bagnard.*

— Youpi ! s'écria l'un des bandits. Un million !

— Et vingt ans de prison, grogna le second.

— J'ai trouvé, dit le troisième en faisant claquer ses doigts. Il faut que l'un d'entre nous aille travailler dans un Hôtel des Monnaies, là où l'on fabrique l'argent !

Ils votèrent donc pour savoir qui irait travailler. Ce fut le premier des frères qui fut désigné. Il mit un faux-nez, prit son air le plus intelligent et, oh ! surprise ! il réussit à décrocher un emploi.

— Formidable ! raconta-t-il après sa première journée de travail. C'est dans la poche ! Un vrai jeu d'enfant ! Même trois petits scouts réussiraient !

— Oublie les scouts, veux-tu ! dirent les deux autres en se frottant les mains. Dis-nous plutôt quel est ton plan !

— Je dois empiler les boîtes qui contiennent l'argent. On me confie même les clés de la chambre forte. Je n'ai qu'à oublier de fermer la porte un soir et... à nous les millions !

Les Rapetou décidèrent d'agir le lendemain soir. Ils réussirent à dérober tout un lot de boîtes. De retour chez eux, ils en ouvrirent une et plongèrent avec délice leurs mains avides dans ce bel argent frais.

— De beaux billets tout neufs, dit l'un d'eux avec un sourire radieux. Mais l'un de ses frères regarda les billets d'un peu plus près.

— Oh non ! gémit-il. Pas étonnant que nous ayons réussi si facilement. Ces boîtes sont remplies de billets blancs qui n'ont pas encore été imprimés !

12

Juillet

Mickey : Quand peut-on dire d'un producteur que c'est un astronome ?

Donald : Quand il découvre une nouvelle étoile.

A la campagne

C'était l'été. Il faisait si chaud que même les poissons avaient soif. C'est alors que Naf-Naf eut une idée rafraîchissante. « Et si nous allions camper ? » proposa-t-il.

Les trois petits cochons se mirent en route. Ils choisirent de s'installer dans une clairière verdoyante, au bord d'un grand lac, mais très, très loin de Grand Loup.

— Quel endroit ravissant, remarqua Nif-Nif. Je peux m'allonger dans l'herbe, passer la journée à ne rien faire...

— Et jouer du pipeau, ajouta Naf-Naf.

— Bien sûr ! Et Nouf-Nouf peut jouer du violon, n'est-ce pas ?

— Et que voudrais-tu qu'il fasse d'autre ? rétorqua Naf-Naf. Souviens-toi. Celui qui pense ici, c'est moi !

— Très bien, Naf-Naf. Ne te vante donc pas comme ça !

— Je me vanterai si j'en ai envie ! répliqua Naf-Naf d'un ton aigre. Parce que moi, je peux au moins me vanter de quelque chose...

— Mon Dieu, pensa Nif-Nif, j'espère que le soleil n'a pas trop tapé sur sa tête.

Mais déjà Naf-Naf s'activait, l'air important.

— Je me demande où est passé Nouf-Nouf ? dit-il.

C'est alors qu'apparut un petit cochon tout mouillé, tenant dans une main un chapeau trempé et dans l'autre, une tente ruisselante.

— Mais d'où sors-tu ? s'écria Naf-Naf.

— Ce sont les corbeaux, gémit Nouf-Nouf. Ils ont volé notre tente et l'ont jetée dans le lac. Puis ils se sont mis à rire et ils sont partis dire à Grand-Loup où nous étions.

— Oh non ! grogna Nif-Nif, qu'allons-nous faire ? Nous ne pouvons nous cacher nulle part ici. Grand-Loup réussira à nous attraper, c'est certain.

— Et il nous avalera tout crus ! sanglota Nouf-Nouf.

— Pas de panique ! Réfléchissons ! intervint Naf-Naf. Frère Tuck habite tout près d'ici. Nous serons à l'abri chez lui. Venez ! ordonna-t-il.

Les trois petits cochons partirent donc à la file indienne vers la maison de Frère Tuck. En chemin, ils passèrent devant un grand trou. Naf-Naf décida de planter la tente au-dessus du trou, d'abord pour qu'elle puisse sécher, mais aussi pour empêcher que quelqu'un ne tombe dans le trou. Cette même nuit, alors que les trois petits cochons dormaient à poings fermés dans la maison de Frère Tuck, Grand-Loup fit son apparition. La lune se reflétait dans ses yeux gourmands. Il eut tôt fait d'apercevoir la tente des trois cochons. Il se dit en se léchant les babines : « Miam ! Miam ! Cette fois-ci, je vais enfin manger du rôti de porc ! » Il défit doucement les cordons de la tente et se glissa à l'intérieur.

Cette nuit-là, le repos de Frère Tuck fut troublé par un bruit bizarre, comme un cri étranglé : « Hou ! Hou ! Grrrrr ! Houuuu ! Houuuu ! »

— Curieux ! se dit Frère Tuck en reprisant ses chaussettes. On dirait vraiment le cri d'un loup affamé qui vient de tomber sur la tête !

13 Juillet

Clarabelle : Ce poisson a dû faire l'école buissonnière avant d'arriver ici !

Une leçon en or

Merlin écrivit le mot MANQUÉ au tableau. « Comment prononces-tu ce mot », demanda-t-il au jeune Roi Arthur que l'on appelait alors Moustique.

Moustique bâilla : « Manqué » répondit-il. « Tu bâilles trop ce matin » dit Merlin d'un air sévère. « C'est-à-dire que... j'ai un peu MANQUÉ de sommeil la nuit dernière, » gloussa Moustique. « J'ai regardé les étoiles ».

Mais déjà Merlin écrivait AVARE au tableau. « Et comment prononcer ce mot-là ? » demanda-t-il. Moustique était perplexe. « Je ne sais pas très bien » répondit-il. « Aucune importance, déclara Merlin en prenant sa baguette magique, je vais te faire voir ».

En un clin d'œil, ils furent transportés devant la maison d'Oncle Picsou. Toc ! Toc ! Merlin frappa.

Les verrous étaient tirés. « Que voulez-vous ? » demanda Oncle Picsou. Merlin se tourna vers Moustique. « Un avare est quelqu'un qui amasse de l'argent », expliqua-t-il. « Que dites-vous ? » intervint l'Oncle Picsou. « Mais pourquoi ? » demanda Moustique. « Qu'est-ce qu'il en fait ? ». « Pourquoi ne le lui demandes-tu pas ? » répondit Merlin.

— Noble Seigneur, dit Moustique en se tournant vers

l'Oncle Picsou. Pourriez-vous me dire ce que vous faites avec votre argent? « Je le COMPTE, » répondit Oncle Picsou.« Je le compte jour et nuit ». « Êtes-vous heureux? » demanda Moustique en souriant.

— Heureux! Heureux! grommela Oncle Picsou. Je ne sais pas ce que cela veut dire. Mais en tout cas, je suis joliment RICHE!

Merlin s'avança. « Aimerais-tu être heureux, Picsou? » demanda-t-il. « Bien sûr, » commença celui-ci, « mais... »

Merlin jeta un sort. Oncle Picsou cligna des yeux et s'assit. « Ha! » dit-il, rayonnant. « Que le monde est beau. On dirait un arc-en-ciel. Il frappa dans ses mains. Regardez les fleurs! Les abeilles! Tu vois, mon garçon, » dit-il à Moustique, « comme le soleil brille! Et tout ça est ENTIÈREMENT gratuit! » Il sauta de joie. « La vie est si merveilleuse! Qui pourrait être avare par une aussi belle journée! » Et Oncle Picsou partit en sautillant gaiement, vidant ses poches à mesure qu'il avançait.

Moustique se tourna vers Merlin. « Pauvre Oncle Picsou! Pourquoi n'est-il pas toujours comme ça? ».

— Dès que le sortilège n'agira plus, répondit Merlin, le vieux grippe-sou retournera à ses millions. Mais les arbres, les fleurs, les oiseaux, le soleil et les étoiles, poursuivit-il en souriant, nous enchanterons encore longtemps. Ne l'oublie jamais, mon garçon!

Merlin agita sa baguette magique, et ils se retrouvèrent au château. Le mot MANQUÉ était toujours écrit au tableau. « Je crois que nous allons MANQUER les cours aujourd'hui », dit Merlin. Nous irons plutôt observer les oiseaux en compagnie d'Archimède!

14
Juillet

Le pique-nique de Pluto

Pluto appela Mickey pour organiser le pique-nique du lendemain, qui était le 14 Juillet; celui-ci répondit : « Pas de pique-nique ! ».

— Pourquoi ? se lamenta Pluto. Tu l'avais promis. J'ai déjà préparé de délicieux sandwichs et Donald a fait une salade. — Je suis trop fatigué, répliqua Mickey.

Pluto pensa qu'il pourrait peut-être décidé Mickey en chantant. Il prit son livre de chants préféré et retourna chez Mickey, à qui il donna la sérénade : « Comme je suis triste ! Comme je suis triste ! Pas de pique-nique pour le 14 juillet ! ».

Comme il ne s'arrêtait pas, Mickey sortit en se bouchant les oreilles.

Jaq : Qu'est-ce qu'on peut élever en le laissant par terre ?
Gus : Le bétail !

— S'il te plaît Pluto ! Si tu cesses de chanter, je te promets que nous ferons un pique-nique.

La journée du 14 juillet s'annonçait particulièrement belle. Pluto et Donald passèrent prendre Mickey. Lorsque celui-ci ouvrit la porte, il avait l'air embarrassé. « Je suis désolé, mes amis, » dit-il. « J'ai oublié d'acheter ma part du pique-nique et les magasins sont fermés aujourd'hui ».

Donald se mit en colère. « A quoi bon faire un pique-nique, s'il n'y a pas de dessert ! ».

— Je crois que nous devons y renoncer, dit Mickey. Je suis désolé.

Pluto réfléchit rapidement. « Peut-être pourrions-nous rester ici et célébrer le 14 juillet en chansons. Je vais chercher mon livre de chants », dit-il en rebroussant chemin.

Mais Mickey l'arrêta. « Un instant Pluto. Je suis sûr que nous trouverons un dessert en cours de route. Essayons au moins ! »

Ils se mirent donc en route. Mickey avait raison. Les magasins étaient tous fermés. « Nous allons devoir nous passer de dessert ! », grommela Donald.

Ils trouvèrent enfin l'endroit idéal pour un pique-nique. Un petit ruisseau coulait à proximité et un gros rocher s'élevait juste au centre de la clairière. Il ferait une table idéale. Pendant que Mickey mettait la table, Donald et Pluto décidèrent d'explorer les environs. « Allons voir ce qu'il y a de l'autre côté de la colline », suggéra Pluto.

Et c'est ainsi qu'ils trouvèrent leur dessert ! Un magnifique carré de fraises des bois. Plusieurs corbeaux y pique-niquaient déjà, mais il y avait assez de fruits pour tout le monde. Donald en remplit son chapeau.

Les sandwichs étaient très bons. La salade de maïs, délicieuse. Mais ils se régalèrent surtout avec ces merveilleuses fraises des bois. Ce fut un pique-nique très réussi !

15
Juillet

Le voleur volé

Les compagnons de Robin des Bois s'étaient rassemblés. « Le Shérif a de nouveau levé des impôts » dit Petit Jean. « Mais il est déjà si riche ! C'est tellement injuste pour les pauvres gens », ajouta Frère Tuck. « Eh bien, » dit Robin en riant, « nous allons faire comme d'habitude. Nous volerons l'argent et nous le rendrons aux pauvres ».

Ils établirent donc leurs plans et lorsque le jour de la collecte des impôts arriva, tout était prêt.

— Oyez ! Oyez ! clamèrent le Prince Jean et Sir Hiss. Tous les citoyens doivent venir payer leurs impôts ici. Ceux qui ne le feront pas seront emprisonnés.

Chaque citoyen déposa une pièce d'or dans l'un des grands coffres; quand tous eurent payé, les coffres furent chargés à bord d'un chariot où de nombreux gardes avaient pris place.

Porcinet : Partir, c'est mourir un peu !
Jean-Christophe : Et mourir, c'est partir beaucoup !

Pendant ce temps, les hommes de Robin avaient déplacé un panneau indicateur sur la route. Le chariot fut détourné et les coffres hissés sur un radeau. Les hommes de Robin coupèrent les cordes qui le rattachaient à la berge et il s'en alla au fil de l'eau. Sir Hiss et les gardes étaient stupéfaits et furieux.

Les habitants de Nottingham étaient rassemblés un peu en aval. Robin les harangua : « Mes amis, dans quelques minutes, vous récupérerez vos impôts. Chacun d'entre vous recevra une pièce d'or. Mais je demande aux plus riches de faire don de leur pièce aux plus pauvres ! »

La plupart n'en croyaient pas leurs yeux. Les coffres furent débarqués. Petit Jean les ouvrit avec sa hache.

— Longue vie à Robin des Bois ! s'écria la foule.

— Je ne crois pas que le Shérif partage cet avis, dit Petit Jean en riant.

16
Juillet

Merlin : Alors, ça marche la dactylographie ?
Madame Mim : O;i rè?s b!§ieN, m!4erC!i!

Le Roi de la Jungle

Shere Khan et le Colonel Hathi se disputaient pour savoir lequel d'entre eux était le Roi de la Jungle.

— Est-ce bien vrai que les éléphants ont peur des souris ? dit Shere Khan en ricanant, un jour qu'il faisait très chaud.

— Oh ! Fiche-moi la paix, gros minet ! grommela le Colonel Hathi qui avait une terrible migraine.

— Qu'est-ce qui ne va pas, Grandes Oreilles ? taquina Shere Khan. Tu n'as pas l'air en forme aujourd'hui ?

— La chaleur m'a donné la migraine, admit Hathi. Et de toute façon, je trouve stupide de se disputer par une telle canicule.

— Il fait *très* chaud, c'est vrai, dit le grand tigre d'un ton doucereux. Mais le fait que moi je supporte mieux la chaleur que toi prouve que moi je te suis supérieur !

— Très bien. Si tu le dis ! grogna Hathi. Il avait trop mal à la tête pour se défendre.

Il avait à peine fini sa phrase que déjà Shere Khan s'élançait dans la jungle pour battre le rappel des animaux. Il voulait que TOUS entendent Hathi reconnaître que LUI, Shere Khan, était le Roi de la Jungle.

Shere Khan eut beaucoup de mal à réveiller les singes qui faisaient la sieste.

— Allons, Bagheera ! dit-il avec impatience à la panthère noire. Je veux que tu entendes Hathi admettre que c'est moi le Roi de la Jungle. Les animaux emboîtèrent donc le pas à Shere Khan en bâillant.

Ce n'est que deux heures plus tard qu'Hathi fut réveillé par un brouhaha de voix. Il ouvrit les yeux et aperçut presque tous les animaux de la jungle rassemblés autour de lui.

— Ils sont tous là, haleta Shere Khan que sa course avait épuisé, pour t'endendre dire que c'est moi le Roi de la Jungle.

— Balivernes ! Espèce de tigre de pacotille ! dit Hathi en riant. Tu prétends supporter la chaleur mieux que moi. Allons, mes amis, soyez juges ! Voyez Shere Khan : il a chaud, il transpire, il est épuisé; regardez-moi maintenant ! Je suis calme, posé, parfaitement à l'aise. Alors, à votre avis, lequel d'entre nous est supérieur ?

Le pauvre Shere Khan s'en alla, l'air piteux. Les animaux de la jungle retournèrent chez eux et Hathi se recoucha.

17
Juillet

Pluto fait une découverte

Pinocchio : Peut-on faire des nœuds avec la pluie ?
Jiminy : Oui, quand il tombe des cordes.

Par un bel après-midi d'été, Donald passa prendre Daisy pour l'emmener au cinéma.

— Nous allons voir le dernier film de Walt Disney "L'UN DES QUATRE DINOSAURES A DISPARU", dit Donald à Daisy en lui offrant un bouquet de fleurs.

— Oh ! Donald ! répondit Daisy en souriant. Tu es vraiment merveilleux !

Ils partirent donc pour la ville et comme ils étaient en avance, ils flânèrent un peu. « Hé ! Mais c'est Pluto ! » dit tout à coup Donald en désignant un chien assis près d'un réverbère. «Pauvre Pluto ! ajouta Daisy. Comme il a l'air soucieux ». Effectivement, sa queue pendait piteusement et il semblait découragé.

— Ohé ! Pluto ! appela Donald. Tu n'as pas envie de venir avec nous au cinéma ?

Aussitôt, la mine de Pluto s'épanouit et il se mitrottiner gaiement derrière ses amis.

— Quel beau film, s'exclama Donald un peu plus tard. Il était chez Daisy qui avait confectionné de délicieuses pâtisseries.

— C'est vrai, répondit Daisy. J'ai beaucoup aimé ce film. Et Pluto aussi.

Au même instant, Pluto était dans le jardin d'un voisin. Il CREUSAIT ! Et le trou était si profond, qu'on ne voyait même plus la queue du brave chien.

Pluto n'en croyait pas ses yeux. Il avait trouvé un *os gigantesque*, attaché à un *autre* os gigantesque, attaché à un *autre* os gigantesque...

Les voisins commencèrent alors à s'inquiéter. Et ce n'était pas étonnant ! Pluto avait ouvert la moitié de la rue.

A cet instant, Donald qui avait fini de manger regarda par la fenêtre. Ce qu'il vit le sidéra.

— Daisy ! cria-t-il. Viens voir !

— Oh ! Mon Dieu ! s'exclama-t-elle. Mais qu'est-ce que Pluto a bien pu déterrer ?

— Je... je n'en crois pas mes yeux ! murmura Donald. C'est un autre...

— Dinosaure ! cria Daisy en s'évanouissant.

Le lendemain, Donald, Daisy et Pluto écrivirent donc la lettre suivante à Walt Disney. « Messieurs, nous vous informons que DEUX de vos quatre dinosaures ont disparu. »

18
Juillet

En mille morceaux

Bagheera : Que fais-tu le matin à ton réveil ?
Roi Louie : Je le remonte.

Clarabelle avait invité Dingo à dîner. Elle pensa que ce serait gentil de lui offrir un petit cadeau après le repas. Mais bien qu'elle ait passé toute la journée à courir les magasins, elle n'avait pas trouvé ce qu'elle cherchait.

— Mon Dieu ! s'exclama-t-elle une fois rentrée à la maison, je ne sens plus mes pieds !

Alors, après avoir bu une bonne tasse de thé, elle décida de FABRIQUER elle-même le cadeau. Elle versa du plâtre de Paris dans un vieux moule à pâtisserie de forme rectangulaire. Une fois sec, elle le démoula et le posa sur son chevalet.Puis elle prit ses couleurs. Elle ne savait pas très bien quoi dessiner. Alors, se rappelant que Mickey était le meilleur ami de Dingo, elle fit un charmant portrait de Mickey qu'elle déposa dans une jolie boîte rouge. Puis elle s'assit et attendit Dingo.

Celui-ci arriva à l'heure dite avec une boîte de délicieux chocolats. Après le repas, Clarabelle alla chercher le cadeau qu'elle avait préparé pour Dingo. Mais hélas, elle glissa en voulant prendre la boîte et celle-ci tomba. Dingo la ramassa, et Clarabelle lui expliqua tristement que c'était un cadeau pour lui.

Ravi, Dingo défit le paquet. Clarabelle constata avec tristesse que le plâtre s'était brisé en mille morceaux. Mais Dingo, lui, était très content. « Un puzzle ! J'adore les puzzles, Clarabelle ! C'est vraiment le plus cadeau que tu puisses me faire ! ».

19
Juillet

La gourmandise punie

Lorsque Blanche-Neige apprit que Grincheux avait souri *trois* fois dans la même journée, elle décida d'organiser une fête pour célébrer l'événement. Elle alla faire les courses la veille et rangea toutes les bonnes choses qu'elle avait achetées dans la réserve.

Mais ce même jour, à la nuit tombée, Grand-Loup se mit à errer dans les fourrés. Il mourait de faim. L'odeur de dinde rôtie qui venait de chez Blanche-Neige lui mettait l'eau à la bouche. Et comme il était un grand méchant loup, il imagina un plan diabolique.

— Blanche-Neige ! hurla-t-il. J'ai mal aux dents ! Terriblement mal aux dents !

— Oh ! Pauvre Grand-Loup, dit Blanche-Neige apitoyée. Entre donc ! J'ai justement ce qu'il te faut !

Grand-Loup entra, la mine gourmande. Les sept nains étaient déjà couchés. Dès que Blanche-Neige eut le dos tourné, Grand-Loup se glissa dans la réserve et fit glisser le loquet de la fenêtre.

— Je reviendrai après minuit pour dérober toutes ces bonnes choses, se dit-il.

— Voilà ! dit Blanche-Neige. Ceci devrait te soulager. Ferme les yeux !

Grand-Loup ferma les yeux en rêvant de dindes et de pâtés. Mais lorsqu'il les rouvrit, il eut une très mauvaise surprise ! Blanche-Neige avait entouré sa tête d'un bandage rose pour soulager ses maux de dents.

Il ne pouvait plus ouvrir la bouche !

Pire encore, Blanche-Neige avait fait un joli nœud sur le sommet de sa tête.

Grand-Loup grogna. Quel ballot il était !

— Pauvre Grand-Loup, lui dit gentiment Blanche-Neige en le raccompagnant à la porte.

Maintenant, Grand-Loup avait vraiment une bonne raison de se plaindre !

Dingo fait la lessive

20
Juillet

C'était un de ces jours d'été pluvieux. L'eau ruisselait partout. Même les corbeaux avaient sorti leur parapluie. Le pauvre Dingo était contraint de rester chez lui.

— Beau temps pour les escargots, grommela-t-il. Puis il décida qu'il profiterait de l'occasion pour faire sa lessive. Il prit donc tous ses vêtements et se mit en route vers la laverie. Pour s'amuser, il décida d'emporter aussi sa pipe à faire des bulles de savons.

Il mit le linge dans la machine, ajouta de la lessive, introduisit une pièce et appuya sur le bouton. Vlouf! Schlif! Schlaf! Dingo voyait tourbillonner son linge. « Aaah ! » s'écria-t-il, ravi.

Puis il s'assit, remplit sa pipe de lessive, ferma les yeux et se mit à faire des bulles. Aaaah ! C'était le paradis.

Z-z-z-z-z. Dingo avait dû s'endormir. Il fut réveillé par ses propres ronflements. La laverie était pleine de monde... et de grosses bulles. Et lorsque Dingo regarda sa machine, il eut une frayeur TERRIBLE. Son meilleur ami, Mickey, était pris dans la machine et tournait avec le linge. C'était AFFREUX !

Dingo se précipita et ouvrit la porte de la machine. L'eau jaillit, inondant la pièce. On voyait même flotter une miche de pain.

— Ça ne fait rien ! pensa Dingo. Il FAUT que je sauve Mickey. Il saisit son ami et le tira hors de la machine. Puis resta bouche-bée. Ce n'était pas Mickey.

Ce n'était que le T-SHIRT Mickey Mouse de Dingo !

Le pauvre Dingo pensa qu'il aurait vraiment mieux fait de rester chez lui.

21
Juillet

Une mauvaise surprise!

Les oiseaux gazouillaient gaiement devant la fenêtre d'Oncle Picsou. L'écho de leurs chants joyeux lui parvint par la cheminée.

— Sapristi ! s'écria-t-il. Il est six heures du matin ! Pourquoi ces moineaux ne retournent-ils pas se coucher?

Mais les oiseaux chantaient pour souhaiter la bienvenue au soleil. Celui-ci fit passer quelques-uns de ses rayons par la fenêtre d'Oncle Picsou. « Fichu soleil ! » grommela-t-il. « N'est-il donc pas possible de dormir un peu le matin? »

Le vieil avare sortit du lit, trébucha sur un pan de sa chemise de nuit et atterrit la tête la première dans un pot de fleurs vide. « Encore une mauvaise journée qui s'annonce ! », grogna-t-il.

Mais dès qu'il eut ouvert son réfrigérateur pour y prendre une bouteille de jus d'orange, son ton changea. Là, devant ses yeux, se trouvait le plus gros cristal qu'il ait jamais vu.

— Fantastique ! s'écria-t-il, émerveillé. Je vais l'apporter tout de suite au bijoutier. Il doit valoir une fortune !

Oncle Picsou mit le cristal dans un sac, prit sa bicyclette et, une minute plus tard, il frappait à la porte du bijoutier.

Bagheera : Comment vois-tu l'avenir du charbon ?
Mowgli : En noir !

— Qu'est-ce que vous me voulez à une heure pareille? demanda le bijoutier qui n'était pas très content. Et pourquoi êtes-vous en chemise de nuit?

— En chemise de nuit? dit l'Oncle Picsou. Ma foi oui, vous avez raison! Mais venons-en au fait. Je vous apporte le plus GROS cristal que vous *ayez jamais vu*!

— Bon! Entrez! soupira le bijoutier. Mais vous auriez quand même pu attendre l'heure d'ouverture des magasins.

Oncle Picsou lui tendit le sac. Le bijoutier mit ses lunettes ouvrit le sac et sortit le cristal.

— Oh! s'écria Picsou. Il a RÉTRÉCI!

— Comment un cristal pourrait-il rétrécir? demanda le bijoutier. Puis il regarda le cristal de plus près. Je comprends tout, s'exclama-t-il en riant. S'il a RÉTRÉCI, c'est parce qu'il est en train de FONDRE. Ce n'est qu'un morceau de GLACE!

Pauvre Oncle Picsou! Son cœur était glacé, lui aussi.

— Ça ne fait rien! dit le bijoutier. Reprenez la glace. Vous pourrez toujours la mettre dans un verre de jus d'orange.

La bascule

Le Renard : Es-tu perdu mon petit ?
Pinocchio : Non, mais je crois que mes parents le sont !

Tic et Tac avaient entreposé tellement de glands pour l'hiver qu'il leur en restait encore beaucoup au retour de l'été. Ils pouvaient donc se permettre de lézarder au soleil et de jouer à cache-cache.

Par une belle journée ensoleillée, Tic découvrit une planche. Il eut tout de suite l'idée d'en faire une balançoire en utilisant une vieille souche comme pivot.

Ils s'en donnèrent à cœur joie pendant tout l'après-midi; mais, lorsqu'ils rentrèrent à la maison, ils découvrirent que quelqu'un leur avait volé des glands.

— Oh ! Quel vilain tour on nous a joué ! s'exclama Tac, en colère.

— Demain, nous ferons semblant d'aller jouer, suggéra Tic. Mais nous ne quitterons pas notre provision de glands des yeux.

Et ils continuèrent à jouer avec leur balançoire mais tout près de chez eux. Vers deux heures et demie, ils virent un écureuil vorace qui s'approchait sur la pointe des pieds.

— Faisons semblant de ne pas le voir, souffla Tac, et passe-moi un gland.

Tic lui tendit un gros gland que Tac posa à l'une des extrémités de la balançoire. Lorsque l'écureuil essaya de leur voler des glands, Tic et Tac sautèrent ensemble sur L'AUTRE extrémité de la planche.

Le gland siffla dans l'air, passant juste entre les oreilles de l'écureuil, qui s'enfuit sans demander son reste.

— Ha ! Ha ! ricanèrent Tic et Tac. Si quelques-uns de nos camarades sautaient avec nous sur cette balançoire, nous pourrions envoyer le premier gland sur la lune !

23
Juillet

La fourmi et la colline

Jiminy le criquet sautillait gaiement sur un chemin lorsqu'il aperçut une fourmi portant une valise sur son dos. Elle gravissait avec peine la colline. La fourmi était laide, de plus elle avait l'air terrible, mais Jiminy avait bon cœur.

— Mon Dieu ! Quelle grosse valise pour une si petite fourmi ! gazouilla Jiminy. Laisse-moi t'aider à la porter.

— Occupe-toi de tes affaires ! répondit la fourmi, haletante, en s'obstinant dans son ascension. Elle était TRÈS désagréable.

— Comme tu veux ! répliqua Jiminy.

— Non ! Attends ! cria la fourmi. J'aurai peut-être besoin *d'un peu* d'aide.

— Bien ! répondit Jiminy en souriant. Je te la porterai. Où vas-tu ?

— Ça ne te regarde pas ! répondit sèchement la fourmi en observant Jiminy d'un air soupçonneux. Prends un bout de la valise. Et ne la laisse pas tomber.

Jiminy s'exécuta et ils poursuivirent leur route. Mais la fourmi ne tarda pas à être épuisée.

— Pourquoi ne me laisses-tu pas porter la valise tout seul, demanda Jiminy. Tu n'en peux plus, c'est évident !

— Non ! souffla la fourmi. Je n'ai confiance en personne, surtout pas en un criquet braillard comme toi.

— Hum ! Alors voilà comment tu me remercies, soupira Jiminy. Et, haussant les épaules, il laissa tomber la valise. La fourmi trébucha et la valise, s'échappant de ses mains, dévala la colline.

— Ça y est ! Tous ces efforts pour rien ! Me voilà revenue à mon point de départ ! dit la fourmi, rageuse.

— Non ! répondit Jiminy. Car si tu as un peu de bon sens, cette aventure t'aura appris que des mauvaises manières et un mauvais caractère ne conduisent NULLE PART !

Histoire de souris

Un soir, alors qu'il revenait du spectacle, fatigué mais heureux, Mickey décida, puisque la soirée était si belle, de se reposer un peu dans le jardin. Ses neveux avaient tendu un hamac entre deux arbres. Il se trouvait juste au-dessus de la mare.

— C'est un peu dangereux, se dit Mickey. Mais après avoir vérifié la solidité des nœuds qui retenaient le hamac, il finit par s'y installer, muni d'un livre.

Le soleil rougeoyait déjà à l'horizon. La nuit allait tomber. Les oiseaux rentraient au nid. Il était trop tard pour lire. Les neveux jouaient un peu plus loin, mais Mickey ne les entendit pas; il s'était assoupi. Eux aussi eurent bientôt sommeil et ils allèrent se coucher.

Il faisait nuit maintenant. Les étoiles scintillaient au firmament. Les hiboux et les chauves-souris remplissaient l'air de leurs battements d'ailes. Mais Mickey continuait à somnoler...

Les lumières s'éteignirent peu à peu dans les maisons voisines. Tout le monde était couché maintenant.

Et le temps passa. Soudain, une lueur dorée embrasa le ciel. C'était l'aube.

Mickey dormait TOUJOURS! Les oiseaux s'envolèrent du nid et se mirent à chanter pour saluer le lever du jour. Le soleil apparut, éclatant comme une médaille.

Mickey bâilla et s'étira. « Que j'ai bien dormi! » s'exclama-t-il. « Je crois que je vais me lever et me préparer un bon café ».

Il sauta du lit et... PLOUF! Ce ne fut pas une tasse de café, mais une tasse d'eau qu'il but!

Mickey se releva, trempé. Un poisson rouge frétillait dans la poche de son veston.

— Oh non! s'exclama-t-il. Je croyais être au LIT!

Son livre était également tombé dans la mare. Mickey le ramassa. Il s'intitulait « Les sottises d'une Souris ».

— Hum! grommela Mickey. Je n'ai pas besoin de ce livre! Je pourrais bien raconter mes *propres* sottises!

25
Juillet

Le cadeau refusé

Cendrillon était allée se promener, afin d'échapper un peu à sa belle-mère et à ses horribles demi-sœurs. Le monde était si différent au dehors. Le soleil brillait, les écureuils s'activaient et les grenouilles coassaient près de l'étang.

— Pourquoi ne pouvons-nous pas être aussi heureux à la maison ? soupira Cendrillon. Elle était assise au bord de l'étang, lorsqu'elle aperçut quelque chose qui brillait au fond de l'eau. Cendrillon se pencha et en retira une bague en *diamants*. « Si j'en fais cadeau à ma belle-mère, elle deviendra peut-être plus aimable et plus gentille avec moi », pensa-t-elle.

Mais la belle-mère se contenta d'arracher la bague à Cendrillon et décida de la porter ce soir-là au bal. Grâce à sa marraine, Cendrillon put aussi assister à ce bal. Elle eut honte lorsqu'elle vit sa belle-mère exhiber fièrement sa bague devant tout le monde. Les deux demi-sœurs restaient dans les jupes de leur mère et se conduisaient très mal.

Soudain, Cendrillon entendit un rire méprisant. La belle-mère venait de montrer la bague à Madame Mim et celle-ci lui avait dit que la bague était à elle et qu'elle n'avait

Dingo : Vérifie tout, sauf l'avertisseur. C'est la seule pièce qui ne fasse pas de bruit !

aucune valeur. « Je l'ai jetée dans l'étang, ricana-t-elle. La monture n'est qu'un vieux bout de ferraille et le diamant un simple morceau de verre ! ».

Le lendemain, la belle-mère jeta la bague au visage de Cendrillon. « Tu peux garder tes cadeaux ! Tu es la honte de la famille ! » lui dit-elle, très en colère.

Cendrillon était intriguée, car le diamant lui paraissait authentique. Elle le montra à un bijoutier qui lui confirma qu'il avait une très grande valeur. Il ajouta même que c'était une bague *très* ancienne qui intéresserait certainement le musée.

Cendrillon était très émue par cette découverte, et elle se rendit immédiatement au musée. Le directeur fut très heureux de voir la bague. Et il fut encore plus heureux lorsque Cendrillon décida d'en faire CADEAU au musée, afin que TOUT LE MONDE puisse en profiter.

Deux ou trois semaines plus tard, la belle-mère visita le musée. Lorsqu'elle vit que la bague qu'elle avait refusée était exposée comme "*un joyau sans prix*", elle entra dans une fureur noire.

Sous la bague, il y avait une affiche qui disait : "Don d'une très aimable jeune fille nommée Cendrillon".

26
Juillet

Cruelle méprise !

Dingo était en train de placer devant chez lui un panneau où l'on pouvait lire : "DINGO, PEINTRE". A peine eut-il terminé que l'Oncle Picsou vint à passer.

— Je ne savais pas que tu étais peintre, s'étonna-t-il.

— Je viens juste de commencer, répondit Dingo.

— Alors, si je suis ton premier client, j'espère que tu me feras un prix, dit l'Oncle Picsou. Suis-moi ! Il emmena Dingo à sa maison qui avait besoin d'être repeinte.

— Combien demandes-tu pour peindre cette maison ? s'enquit Picsou.

— Voyons... cinquante francs ? proposa Dingo.

Oncle Picsou était ravi. Dingo était vraiment un peintre très bon marché.

— Et combien de temps te faudra-t-il ?

Dingo réfléchit.

— Je pense que ce sera terminé quand tu rentreras du travail.

— Très bien ! dit Oncle Picsou en se frottant les mains. Et si ce n'est pas fini, je retirerai dix francs de ta facture. Lorsqu'Oncle Picsou rentra en fin d'après-midi, Dingo l'attendait devant la maison.

— Qu'est-ce que ça veut dire ! s'écria Picsou, furieux. Tu n'as pas encore COMMENCÉ ton travail ?

— Mais j'ai FINI ! lui répondit joyeusement Dingo en exhibant un superbe tableau. Tu vois, j'ai peint ta maison ! Est-ce que je peux avoir mes cinquante francs maintenant ?

— Oh non ! gémit Oncle Picsou. Je voulais un peintre en BATIMENT, pas un ARTISTE peintre !

Le vieil avare dut néanmoins admettre que Dingo avait peint sa maison. Et il lui paya ses cinquante francs, mais uniquement en pièces d'un centime !

27
Juillet

Bourriquet fait l'avion

Winnie l'Ourson gambadait dans la campagne, lorsqu'il aperçut son ami Bourriquet qui faisait tourbillonner sa queue en agitant les oreilles.

— Mais qu'est-ce que tu fais? s'écria Winnie, étonné.

— Eh bien, c'est-à-dire, euh... en fait, j'essaie de voler, expliqua Bourriquet en rougissant.

— Mais tu es un âne, voyons, pas un oiseau. Ressaisis-toi un peu, s'il te plaît! réprimanda Winnie.

— Oui, je suppose que tu as raison, répondit Bourriquet l'air malheureux.

— Raison! Bien sûr que j'ai raison! grommela Winnie. Est-ce qu'on a déjà vu un âne voler? Et puis quoi encore!

— Oui, mais Dumbo vole, lui, murmura Bourriquet. Alors, pourquoi pas moi?

— Là n'est pas la question. Contente-toi de brouter et de manger des carottes, conseilla Winnie, et tâche d'être un brave petit âne.

— Hi! Han! clama Bourriquet.

— Parfait! C'est tout à fait ça! déclara Winnie.

C'est alors que Jean-Christophe arriva.

— Bonjour! dit-il à ses amis.

— Tiens! Bonjour! répondit Winnie. Tu savais que ce bon vieux Bourriquet avait envie de *voler*?

— Bien sûr! répondit Jean-Christophe en souriant. C'est moi qui lui ai conseillé de s'exercer jusqu'à ce qu'il y arrive!

— Tu crois que c'était vraiment sage? demanda Winnie.

— Je ne sais pas. Mais en tout cas, ça avait l'air de le rendre heureux! répondit Jean-Christophe.

— Ah bon? Vraiment? s'exclama Winnie en montant sur le dos de Bourriquet.

— Mais, qu'est-ce que tu fais? s'écrièrent ensemble Jean-Christophe et Bourriquet.

— Eh bien, moi, j'ai toujours rêvé d'être pilote, répliqua Winnie. Prêt à décoller, Bourriquet?

28
Juillet

Riri : Qu'est-ce qui est jaune et dangereux ?
Fifi : Un requin dans la crème anglaise !

Du bruit pour rien

Dumbo et tous ses amis venaient d'arriver en ville. C'était une journée chaude et poussièreuse et, après ce long voyage, Dumbo eut envie d'un peu d'air frais. « Je vais faire un petit tour » dit-il à Timothée. « Ne vole pas trop haut », couina gaiement Timothée.

Pendant ce temps, à l'autre bout de la ville, les sept nains jouient et se chamaillaient devant leur maison. Prof était à l'intérieur, il faisait du pain.

— Je m'en fiche, grommela Grincheux. Pourquoi organiser encore une fête ? Nous passons notre temps à organiser des fêtes !

— Mais ce n'est pas une fête ordinaire, dit Prof en souriant. C'est pour les gens du cirque. Ce sera une jolie façon de leur souhaiter la bienvenue.

— Je suis fatigué, bâilla Dormeur.

— Tu vois ! s'écria Grincheux, lui, il est fatigué, et moi, j'en ai assez !

— Oui, mais moi, je suis *toujours* fatigué, intervint Dormeur. Et cette fête me ferait tellement plaisir ! C'est une fête spéciale !

— Elles sont toujours spéciales, grogna Grincheux. Et pourtant je ne vois vraiment pas ce qu'elles peuvent avoir de si spécial !

— Je pense que nous devrions organiser cette fête, puis que ce sera en l'honneur des gens du cirque, déclara Simplet qui pensait toujours aux autres.

— Moi, je suis toujours d'accord pour faire la fête, dit Joyeux en souriant.

— Je... je crois qu'ils le méritent, murmura Timide. Après tout, d'habitude, ce sont eux qui nous distraient. Pourquoi ne leur ferions-nous pas plaisir à notre tour?

— Bien parlé! approuva Prof par la fenêtre.

— Je croyais que tu étais censé faire le pain? lui reprocha Grincheux.

— Atchoum! Tu ne pourrais pas arrêter de rouspéter au moins une fois dans ta vie, s'écria Atchoum, que cette dispute commençait à ennuyer.

— Bon! Tout le monde a... commença Atchoum. Mais il ne finit pas sa phrase. Mon Dieu! s'écria-t-il. Ça sent le brûlé!

— Malheur! s'exclama Joyeux. La cheminée est en feu!

— C'est *ta* faute! accusa Grincheux en se tournant vers Prof. Tu devais surveiller le pain!

— Là n'est pas la question! Qu'allons-nous faire? sanglota Simplet.

Juste à ce moment, Dumbo passa au-dessus d'eux. Il aperçut tout de suite les flammes. Alors, il descendit vers le lac, emplit sa trompe d'eau qu'il déversa sur la cheminée en flammes.

Ceux-ci lui en furent très reconnaissants et décidèrent d'organiser une fête pour leurs amis du cirque!

29
Juillet

Prince Jean : Quel est le point commun entre un gentilhomme et un livre ?
Sir Hiss : Ils ont tous les deux un titre !

Mascarade

Mickey, Minnie et Donald descendaient la rue d'un air décidé. Les gens s'arrêtaient pour les regarder. Où allaient-ils ainsi avec ce regard fixe ?

Ils passèrent devant le boulanger et le boucher, mais leur visage ne changea pas d'expression. ils entrèrent chez le bijoutier.

— Donnez-moi *dix* de vos plus beaux diamants, demanda Mickey.

— Ha ! Ha ! s'exclama le bijoutier en riant. J'aurais juré que vous m'avez parlé sans bouger les lèvres ! Ce sont sûrement mes lunettes !

— Donnez-moi la même chose ! dit Minnie. « A moi aussi », ajouta Donald.

— D'accord, mes amis ! Je peux faire confiance à des gens aussi connus que vous ! Et le bijoutier leur donna ses plus beaux diamants sans le moindre soupçon.

De retour chez eux, les Rapetou arrachèrent leurs masques.

— Hé ! Hé ! Quel joli coup ! dit celui qui avait tenu le rôle de Mickey.

— Oui. Mais moi, je n'aime pas les canards ! grommela son frère en enlevant le masque de Donald.

Mais, sans s'en apercevoir, les Rapetou avaient été suivis par Dingo, qui croyait vraiment qu'il s'agissait de Mickey, Minnie et Donald.

— Qu'ils ont l'air sérieux ! se dit Dingo. Il faudrait que je les déride un peu. Voyons voir ! Ah, j'ai trouvé ! Je vais mettre mon masque de Rapetou et leur flanquer une belle frousse !

Dingo mit son masque et passa la tête par la porte des Rapetou.

— Aaaah ! s'écrièrent-ils en chœur. Ce doit être un cauchemar ! Ils s'enfuirent précipitamment, laissant les masques et les diamants derrière eux.

— Oh là là ! Les Rapetou avec des diamants ! Je ferais mieux d'appeler la police, se dit Dingo.

Puis il regarda avec étonnement le masque de Minnie. « Qu'est-ce qu'un joli masque comme toi fait dans un endroit pareil ? ».

30
Juillet

Le parfait ordinateur.

Géo Trouvetou était très ennuyé. Il venait de passer plusieurs mois à mettre au point un ordinateur parfait, et maintenant qu'il avait réussi, il se tordait les mains de désespoir.

— Mon Dieu ! Que vais-je faire ? se lamentait-il.

— Qu'y a-t-il, Géo ? demanda Minnie qui passait par là !

— Eh bien voilà, Minnie ! lui confia Géo. Je viens d'inventer l'ordinateur le plus perfectionné qui soit, et pourtant, il me fait *peur* !

— Je ne comprends pas, dit Minnie en riant. S'il est parfait, pourquoi t'inquiéter ?

— Parce qu'il est plus intelligent que moi ! répondit Géo. Il a déjà inventé une « machine à disparaître » !

Cléo : As-tu déjà vu des poissons-chats manger ?
Figaro : Non, mais j'ai déjà vu des chats manger des poissons.

— Une machine à disparaître! s'exclama Minnie. Ça sert à quoi?

— Eh bien, elle fait disparaître les choses, expliqua Géo. Viens! Je vais te montrer!

Il emmena Minnie dans son atelier, plaça une vieille boîte de conserve dans la machine, appuya sur un bouton et VLOUF! la boîte DISPARUT.

— Extraordinaire! s'écria Minnie. Mais tu disais que tu voulais te débarrasser de cet ordinateur?

— Oh que oui! répondit Géo.

— Alors, amène-le ici avec les plans qui ont servi à sa mise au point.

Minnie poussa l'ordinateur dans la machine à disparaître et appuya sur le bouton. VLOUF! Plus d'ordinateur! Le problème était résolu!

— Formidable! s'écria Géo.

— Encore une chose, ajouta Minnie en détruisant la machine à disparaître à coups de hache. Pour éviter que tu aies un accident avec *celle-ci*.

— Merci mille fois, Minnie lui dit Géo. Comment pourrais-je jamais te remercier?

— Eh bien! gazouilla Minnie. Tu pourrais peut-être inventer pour moi une machine à faire des diamants!

31
Juillet

Mowgline : Qu'est-ce qui est jaune et qui saute de liane en liane ?
Mowgli : Tarzan avec une jaunisse !

Le télescope

Madame Mim avait offert un téléscope à Moustique et, à la première occasion, celui-ci s'en servit pour observer la lune. « Oh ! » dit-il à Merlin, « je vois un visage d'homme sur la lune ! ».

— Ne dis pas de bêtises, Moustique ! répondit Merlin. Il ne faut jamais mentir !

— Mais c'est la vérité ! protesta Moustique.

Archimède hulula et s'envola dans la nuit.

— Tu vois, il ne te croit pas, dit Merlin. Moi non plus, d'ailleurs. Ça doit encore être une plaisanterie de Madame Mim.

— Mais tu n'as qu'à regarder toi-même, insista Moustique.

Et lorsque Merlin regarda la lune à travers le téléscope, il aperçut lui aussi un visage humain.

— Tu as raison Moustique, admit-il. Ce téléscope est très étrange.

Moustique emmena son téléscope à la ville pour le montrer à de grands professeurs. Lorsqu'ils le virent, ils félici-

tèrent Moustique. « Très bien, mon garçon ! ». Et pendant un moment, Moustique fut vraiment fier de lui.

Puis il se souvint que le téléscope lui avait en fait été donné par Madame Mim, et il le dit aux professeurs.

Et Moustique avait bien fait de dire la vérité, car l'un des professeurs découvrit que le fameux "visage humain" avait été dessiné sur la lentille.

Moustique fut bien sûr très fâché. C'était un bien vilain tour que Madame Mim lui avait joué. Mais le lendemain, il retrouva sa bonne humeur lorsqu'il aperçut Madame Mim qui s'enfuyait à travers champs, avec vingt professeurs furieux à ses trousses !

1
Août

Un Rapetou en fuite

Le Rapetou ricanait. Il venait juste de s'échapper de prison. La première chose qu'il fit fut de se demander comment il pourrait bien s'introduire chez Oncle Picsou.

Il y avait une clôture en barbelé, des sonnettes d'alarme et même un rayon électronique commandé par ordinateur. Et si ce rayon touchait quelqu'un, aussitôt des gardiens accouraient.

C'est alors que le Rapetou eut une idée géniale. Il allait se faire engager comme gardien ! Il s'acheta donc une fausse barbe et se présenta à l'Oncle Picsou.

— Pourquoi voulez-vous travailler pour moi ? demanda celui-ci d'un ton sec.

— Parce que je HAIS les Rapetou, répondit l'autre.

— Hum ! Cette réponse en vaut bien une autre, commenta Picsou. Très bien ! Je vous engage !

— Quand puis-je commencer ? demanda le Rapetou que ses doigts démangeaient déjà.

— Tout de suite, déclara Oncle Picsou. Suivez-moi. Le Rapetou suivit donc le vieux grigou. Ils traversèrent des pièces richement meublées, passèrent devant un poste de télévision plaqué or et entrèrent dans la chambre forte. Le Rapetou s'arrêta, les yeux brillants de convoitise.

— Allons ! intervint sèchement Picsou ! Suivez-moi ! Et ne traînez pas !

— Oui, Monsieur ! dit le Rapetou en s'inclinant. Oncle Picsou entra dans la cuisine.

— Bien ! ordonna-t-il. C'est ici que vous travaillerez. Vous aurez une triple tâche : veiller à ce que les souris ne mangent pas mes gâteaux, empêcher le cuisinier de voler mes gâteaux et goûter mes gâteaux pour vérifier si le cuisinier ne les a pas empoisonnés. Vous serez payé cinq francs par semaine. Avez-vous des questions à poser ?

— Oui ! répondit le Rapetou : Quel est le numéro de téléphone de la prison.

Une idée de Pan-Pan

Essayez de vous représenter une clairière enchantée où les rayons de soleil dansent entre les feuilles qu'une brise légère fait frissonner et où la rosée a l'éclat du diamant. C'est dans un endroit comme celui-là que Bambi et Pan-Pan jouaient quand ils étaient petits.

Ils y étaient en sécurité et pouvaient s'amuser à cœur joie. Mais un jour, ils furent suivis par un loup, et Bambi ne dut son salut qu'à sa rapidité. Depuis lors, Bambi ne se sentit plus en sécurité dans la clairière.

— C'est affreux que nous ne puissions savoir quand un danger nous menace !

— Nous pourrions demander aux corbeaux de nous prévenir ! suggéra Pan-Pan.

— Les corbeaux sont trop malveillants et trop maussades pour qu'on puisse leur faire confiance, soupira tristement Bambi.

Mais soudain, Pan-Pan eut une idée géniale. Il se souvint qu'il y avait dans la clairière enchantée un grand arbre creux. Il s'y rendit et découvrit qu'il pouvait grimper à l'intérieur de l'arbre, presque jusqu'à la cime.

Pan-Pan demanda à son ami le pic-vert de lui creuser plusieurs trous au sommet de l'arbre. Puis il retourna voir Bambi.

— Tu peux à nouveau jouer dans la clairière enchantée, lui dit-il, je ferai le guet pendant que tu t'amuseras tout seul.

Mais Bambi sourit gentiment.

— Merci Pan-Pan. Mais je *préfère* jouer avec toi dans une autre partie de la forêt, plutôt que tout seul dans la clairière enchantée !

3
Août

Un endroit très spécial

Les neveux de Mickey étaient au comble de la joie. Le soleil lui aussi souriait dans le ciel d'azur. Une brise légère faisait danser les pâquerettes et les oiseaux gazouillaient à tue-tête.

Michou et Jojo étaient heureux parce qu'ils se rendaient dans un endroit très spécial. Cela faisait une éternité qu'ils avaient envie d'y aller.

— Je parie que j'arriverai le premier, dit Michou.

— Je te parie que non ! répliqua Jojo. Et ils se mirent à faire la course. Ils dévalèrent la grand'rue, Michou accroché aux bretelles de Jojo. On aurait dit un train ! Ils passèrent en trombe devant Geppetto qui leur cria : « Soyez prudents, les enfants ! Même si vous allez dans un endroit très spécial ! »

Mais les deux frères ignorèrent ce sage conseil. « Si nous y allions à cloche-pied ? » dit l'un des frères. « Non, allons-y plutôt à saute-mouton ! » décréta l'autre. « Allons-y à cloche-pied et à saute-mouton ! » hurlèrent-ils en chœur.

— Arrêtez de vous disputer ! gronda Donald qui passait par là. Sinon, je le dis à votre Oncle Mickey.

— Pardon ! dit Jojo.

— Bon, tu passes le premier, dit Michou dès que Donald se fut éloigné. » « Non, c'est toi qui passes le premier ! » répondit Jojo.

— Je sais ce que nous allons faire, dit le premier. Sautons plutôt par-dessus cette prise d'eau !

Madame Mim : Il est si maigre qu'il pourrait regarder par le trou de la serrure avec les deux yeux !

— J'y vais le premier, décréta Jojo. Et il s'élança. Mais au moment précis où il sautait, quelqu'un ouvrit l'eau. Jojo fut alors projeté dans les airs par un gigantesque jet d'eau. « Au secours ! hurla-t-il. Faites-moi descendre de là ! » Alors quelqu'un referma l'eau et Jojo retomba lourdement sur le sol, la tête la première. BOUM !!!

— Hé, ça va ? lui demanda Michou inquiet.

— Ouh là là ! Où suis-je ? répondit son frère en tâtant la bosse qui ornait son crâne. Et qui es-tu toi ?

— Mais je suis ton frère, idiot ! Souviens-toi ! Nous allons dans un endroit très spécial !

— Mon frère ? s'étonna l'autre. Mais si tu es mon frère, qui suis-je moi ?

— Mon frère, bien sûr ! répondit Michou qui commençait à s'embrouiller.

— Ah oui ! Ça y est ! dit Jojo qui retrouvait ses esprits. Tu es mon frère et je suis ton frère et nous habitons chez Onc'Mickey !

— Voilà ! lui répondit Michou en souriant. Je vois que tu vas mieux !

— Mais... commença Jojo. Où allons-nous exactement ? Ah oui, je sais, dans un endroit très spécial ! Mais où ?

— Tu sais, grommela son frère. Je crois que TA chute m'a fait perdre MA mémoire !

4
Août

Au pays des fourmis

Le Chapelier Fou se demandait ce qu'il pourrait bien faire. Mais comme il ne trouvait rien de particulier, il se mit à manger un gâteau enchanté qui le fit rapetisser à la taille d'une fourmi.

— Je crois que je vais visiter la ville des fourmis, décida-t-il. J'y apprendrai peut-être quelque chose. Muni d'un paquet de sandwichs rétrécis dans sa poche rétrécie, il frappa à la porte du Pays des Fourmis.

Là, il flâna sur la place où il aperçut un très bel immeuble. « Qui a construit cette tour ? » demanda-t-il à une fourmi qui passait. « Goumba Doumba ! » dit la fourmi, ce qui voulait dire : « Je ne comprends pas ».

— Ah ! Ah ! ce petit Goumba Doumba doit être intelligent, déclara le Chapelier Fou. Peut-être autant que moi !

Puis il entra dans un musée. La plupart des tableaux représentaient de l'herbe, des brindilles, des collines. Ils ne l'impressionnèrent pas du tout. Mais l'un des tableaux était exceptionnellement beau. « Mon Dieu, » demanda le Chapelier Fou au gardien du musée, « qui a peint cette merveille ? » « Goumba Doumba » répondit la fourmi.

— Ce Goumba Doumba est décidément BRILLANT, s'émerveilla le Chapelier Fou. J'aimerais vraiment faire sa connaissance !

Donald : Que faut-il pour aller loin sans trop marcher ?
Oncle Picsou : De l'argent !

Le Chapelier Fou flâna un peu dehors, puis s'assit sur un banc près de la rivière pour y manger un sandwich. Soudain, il vit passer un magnifique bateau. « Il est splendide, s'écria le Chapelier Fou avec admiration. Seul un génie a pu concevoir un tel bateau ! » « Goumba Doumba ! » murmurèrent quelques fourmis qui se trouvaient là et se demandaient ce que le Chapelier Fou pouvait bien raconter.

Le Chapelier Fou, qui avait trop mangé, finit par s'assoupir. Lorsqu'il se réveilla, la nuit était tombée. La rue était déserte. Seule une vieille fourmi était assise de l'autre côté de la rue. Elle avait l'air si aimable que le Chapelier Fou lui offrit son dernier sandwich.

— Et quel est votre nom, amie ? lui demanda-t-il.

— Goumba Doumba ? répondit poliment la fourmi.

— Goumba Doumba ! s'écria le Chapelier Fou au comble de l'excitation. Je suis vraiment RAVI de vous rencontrer ! Et le Chapelier Fou se mit à embrasser la fourmi stupéfaite.

Et depuis ce jour-là, les fourmis se tinrent soigneusement à distance de TOUT ce qui pouvait ressembler au Chapelier Fou.

Cruella a encore frappé

5
Août

Gus : Quelle heure est-il lorsque l'horloge sonne 13 coups ?
Jaq : Il est l'heure de la faire réparer !

Le colonel Hathi était en train de faire un petit somme. Il le méritait bien, après avoir aidé à déjouer les plans de la maléfique Cruella de Vil. Les abeilles bourdonnaient gaiement, le vent jouait dans son pelage. Soudain, le sergent Tibs surgit dans le jardin.

— Désolé de vous déranger, mon Colonel. Mais de Vil est encore en train de faire des siennes !

— Tonnerre ! s'écria le Colonel. Dites-moi donc de quoi il retourne, Tibs !

Le sergent raconta son histoire. De Vil avait capturé Pongo et elle projetait de le faire sortir du pays par hélicoptère.

— D'où doivent-ils décoller, Tibs ? demanda le Colonel.

— De la maison abandonnée, mon Colonel ! Ils doivent partir à quatre heures.

— Nous n'avons plus une minute à perdre, déclara le Colonel. Il ne nous reste que deux heures !

Les deux amis s'élancèrent à travers la campagne. Ils sautèrent les fossés, traversèrent les routes au mépris du danger. Ils arrivèrent enfin au point de départ. L'hélicoptère était là, moteur en marche. Cruella s'entretenait un peu plus loin avec le pilote.

Le sergent Tibs sauta à bord. Là, il aperçut une caisse solidement ficelée. « Pongo » appela-t-il doucement. Un gémissement affirmatif lui répondit.

— Pongo est ici, mon Colonel !

— Bien joué, Tibs ! répondit le Colonel. Mais comment nous défaire de ces cordes ? Mes vieilles dents n'y arriveront jamais !

Le Colonel eut alors l'idée de tirer la caisse hors de l'hélicoptère.

Tirant et poussant, les deux amis réussirent à sortir la caisse. Puis, ils la poussèrent vers l'arrière de l'hélicoptère, ce qui ne fut pas une mince affaire. Alors, le Colonel la plaça sous les pales de l'hélice qui tranchèrent immédiatement les cordes.

Il était temps ! Le pilote et la vilaine de Vil arrivaient vers eux. Le Colonel et Tibs éloignèrent la caisse de l'hélice. « Saute Pongo ! » crièrent-ils.

Celui-ci, étonné mais heureux, repoussa le couvercle et s'élança hors de la caisse.

Une fois de plus, Cruella de Vil était vaincue !

Les trois amis reprirent le chemin de la maison en devisant gaiement.

6
Août

Le morse : Devant qui chaque homme enlève-t-il son chapeau ?
Le Charpentier : Devant son coiffeur !

Un danger public

Le canotage est vraiment une chose merveilleuse, soupira Ratty d'un air béat en ramant sur sa petite barque.

Mole s'assoupissait au soleil. Il ferma les yeux et entendit une abeille qui bourdonnait.

Le bourdonnement devint de plus en plus fort. « Aucune abeille ne pourrait bourdonner aussi fort que CELA ! » pensa Mole. Il ouvrit les yeux et regarda pardessus l'épaule de Ratty. Il aperçut de l'eau qui jaillissait au milieu de la rivière. C'est de là que semblait provenir le bourdonnement.

— Oh ! Ratty ! Regarde ! s'étrangla Mole. Un bateau à moteur zigzaguait sur la rivière, lancé à pleine vitesse, dans un bruit d'enfer.

Ratty se retourna. « L'animal ! » s'écria-t-il en tentant de se garer le long de la berge. Mole pouvait maintenant voir qui pilotait le bateau. C'était M. Toad.

— Tût, Tût ! Pousse-toi Ratty ! cria Toad. Son bateau faisait de fortes vagues qui vinrent s'écraser sur le bateau de Ratty, manquant de le faire chavirer. Ratty faillit lâcher les rames.

— Toad ! cria-t-il furieux, en agitant le poing. Toad tourna la tête et leur fit signe de la main. « Vous n'avez qu'à vous acheter un vrai bateau ! » dit-il en riant.

Mais il n'aurait jamais dû lâcher le gouvernail. Il n'aurait jamais dû se retourner. Son beau bateau tout neuf fit une embardée et alla s'écraser contre la jetée.

Le moteur, autrefois si ronflant, faisait un drôle de bruit et une épaisse fumée noire s'en échappait.

— Mon Dieu ! Tu crois que Toad est blessé ? demanda anxieusement Mole.

— Pas lui ! répondit Ratty. Il retombe toujours sur ses pieds. Et il avait raison. Au moment du choc, Toad avait été projeté en l'air et il avait atterri sain et sauf sur le chemin de halage.

— Mon bateau ! se lamentait-il. Il est perdu !

— Je suis désolé, Toad, dit gentiment Mole.

— Pas moi ! intervint Ratty. Tu n'es pas capable de piloter un engin aussi dangereux, Toad. Et je veux que tu

me promettes que tu n'essaieras plus jamais de le faire. Sinon, je porterai plainte !

— Bon ! Très bien ! répliqua Toad en s'éloignant.

Le lendemain, Mole et Ratty aperçurent Toad qui contemplait tristement la rivière. « Mon joli bateau ! » soupira-t-il. « Et c'est une si belle journée pour se promener sur la rivière ! »

— Tu peux venir avec nous, proposa Ratty.

— MOI ! Monter dans une simple barque ! répliqua Toad d'un ton supérieur. JAMAIS ! Je trouverai bien un bateau qui soit digne de MOI !

Un peu plus tard, alors que Ratty ramait calmement, un élégant bateau à fond plat les dépassa.

— C'est Toad ! déclara Mole. Toad portait un canotier, un pantalon blanc et une veste à rayures.

— Quel beau bateau ! soupira Mole. Regarde comme Toad plonge la perche dans l'eau et fait avancer le bateau d'une poussée vigoureuse !

Toad plongea la perche dans l'eau et jeta un regard méprisant à Ratty.

— Voilà la seule façon de se promener sur une rivière, dit-il. Toad était tellement occupé à se vanter, qu'il oublia de sortir la perche de l'eau. Le bateau continua à avancer, mais sans Toad, qui resta agrippé au sommet de la perche.

— Au secours ! Reviens ! cria-t-il au bateau qui s'éloignait gracieusement. Ratty ! Sauve-moi !

— Je croyais que tu ne voulais pas monter dans une simple barque, répliqua Ratty.

— Au revoir, Toad !

— Ne m'abandonnez pas sur cette perche ! Je vais tomber à l'eau et mes beaux habits seront abîmés ! cria Toad.

— Très bien ! J'arrive, dit Ratty en ramant vers la perche. Mais juste à ce moment, un splendide bateau à moteur apparut. Toad écarquilla les yeux d'admiration. Il en oublia Ratty. « A l'aide ! A l'aide ! Secourez un naufragé ! » cria-t-il. Le propriétaire du bateau le fit monter à bord.

— Ça alors ! s'exclama Ratty, furieux. Voilà bien Toad !

— Au revoir, Ratty, lui cria Toad en s'éloignant.

— Je t'avais seulement promis de ne plus CONDUIRE de bateau à moteur, pas de MONTER À BORD !

7
Août

Dingo change de ton

Dingo se promenait dans la rue en sifflotant. Les lapins tendaient le cou pour voir ce qui se passait. Les oiseaux en étaient verts de jalousie.

— Tu as l'air bien joyeux ! lui dit Mickey en souriant.

— Ne crois surtout pas ça, répondit Dingo. Je n'arrive pas à CESSER de siffler depuis trois jours. Ça me rend ♫ fou !

— Oh ! Tu veux dire que tu ne fais pas exprès de siffler ? demanda Mickey.

— Exprès ! Exprès ! cria Dingo. Puisque je te dis que je suis en train de devenir ♫ fou !

— Tu as peut-être avalé un sifflet... ou même un arbitre ? suggéra Mickey avec prévenance. « ♫ Grr ! ♫ ! grogna Dingo en sautant d'un pied sur l'autre.

— Calme-toi, mon vieux ! dit doucement Mickey. Je vais te dire ce que...

— ♫ ? demanda Dingo.

— Mets-toi sur la tête, je te taperai dans le dos. Ça te fera tousser.

— ♫, répondit Dingo. Mickey lui donna une bourrade entre les omoplates. Dingo toussa et fit entendre une note ♫.

— Qu'est-ce que c'est ? interrogea Mickey.

Colonel Hathi : As-tu été sage à l'école aujourd'hui ?
Fiston : Oui ! Quand on est au coin, on ne peut pas faire de bêtises !

Dingo fit un bond et atterrit avec un pied dans l'arrosoir.

— Flûte ! murmura-t-il.

— Quoi ? demanda Mickey.

— J'ai dit Flûte ! siffla Dingo.

— Oh ! dit Mickey plein d'espoir. Tu siffles un air différent maintenant !

— Hum ! c'est mieux que ♫, répondit Dingo d'un air sombre. Mais son visage commença à prendre une drôle de couleur.

— Hé ! Que se passe-t-il ? demanda Mickey en voyant les joues de Dingo devenir violettes.

— Quelque chose, GLOUP ♫ s'est coincé, GLOUP ♫ dans ma gorge, haleta Dingo.

— Vite, Mickey ! Essaie la respiration artificielle, conseilla Minnie qui venait d'arriver.

— Bien, bien ! murmura Mickey en pratiquant le bouche à bouche. Dingo revint bientôt à lui.

— Youpi ! s'écria-t-il en faisant une cabriole. Je suis GUÉRI ! Et toi, comment te sens-tu ? demanda-t-il à Mickey.

— Oh ! Comme-ci ♫, comme-ça ! répondit celui-ci.

8
Août

Bourriquet à la ferme

Lorsque le soleil se coucha, Bourriquet se mit à bâiller, mais bâiller... Il était en train de passer une semaine de vacances dans une ferme. Il se réjouissait à la perspective d'une bonne nuit de repos. La lune et les étoiles ne tardèrent pas à apparaître. « Bonne nuit, tout le monde », murmura Bourriquet en fermant les yeux.

— Groin, groin ! fit le cochon. « Cot, cot ! » fit la poule. « Bêê, bêê ! » fit le mouton.

— Mon Dieu ! soupira Bourriquet. Je ferais mieux de compter les étoiles.

En effet, lorsqu'ils n'arrivent pas à s'endormir, les hommes comptent les moutons, les singes comptent les bananes, mais les ânes, eux, comptent les étoiles.

Bourriquet compta 180 étoiles. Ses yeux se fermèrent et il se mit à ronfler, quand soudain... « Hou, hou ! » fit un hibou. « Hi, han ! » répondit Bourriquet en s'éveillant en sursaut.

— Ces vacances s'annoncent bien ! Dormir ! Il faut que je dorme, grommela-t-il en se dirigeant vers la grange. A l'intérieur, une multitude de lumières scintillaient au plafond. « Comme c'est bizarre ! » pensa-t-il, « des étoiles à l'intérieur de la grange ! Il y a quelque chose qui ne tourne pas rond ici » Effrayé, il frappa le sol de son sabot. Les lumières s'éteignirent ! Bourriquet se rendit alors compte que ce devaient être des vers luisants. « On en apprend tous les jours » se dit-il.

Mais il ne dormait toujours pas. Il essaya de se chanter une chanson.

— Oh là hi ! Oh là ho ! Le chat prit son violon et l'âne sauta par-dessus la lune... répéta-t-il plusieurs fois. Rien n'y fit. Tant pis, je ferais mieux d'employer les grands moyens et d'y aller carrément, décida-t-il en sortant de la grange.

La lune brillait. Elle semblait sourire. « Allons-y, Bourriquet » Il prit son élan, se mit à galoper de plus en plus vite, puis sauta.

Bourriquet ne réussit pas à atteindre la lune, mais il passa par-dessus l'auge à cochons et réveilla les moutons en s'écrasant contre le poulailler.

— Groin, groin ! Cot, cot ! Bêê, bêê !

Bourriquet vit à nouveau des étoiles. Mais cette fois-ci, il n'eut plus besoin de les compter, car il s'était assommé en tombant. Il dormait à poings fermés !

Un pique-nique manqué

Donald avait acheté une superbe bicyclette à quatre selles. Une pour lui, les trois autres pour ses neveux. A l'arrière, il y avait même un porte-bagages qui permettait d'emmener un pique-nique.

Un jour qu'il faisait particulièrement beau, Riri, Fifi et Loulou se levèrent à l'aube et firent un tel vacarme que Donald, réveillé, fut lui aussi obligé de se lever.

— Pourquoi faites-vous tant de bruit ! s'exclama Donald en s'étirant.

— Nous voudrions faire un pique-nique, Onc'Donald, répondirent-ils en chœur.

— Pourquoi pas ? C'est une belle journée ! déclara Donald. Nous prendrons la bicyclette plutôt que la voiture.

Et les voilà partis tous les trois à travers la campagne.

L'ennui, c'est qu'il n'y avait qu'une seule paire de pédales. Et comme Donald était le seul à pouvoir les atteindre, c'est lui qui faisait tout le travail !

Lorsqu'ils arrivèrent à la cinquième côte, il était épuisé.

— Arrêtons-nous ici ! décida-t-il. Si nous mangeons nos provisions maintenant, ce sera déjà cela en moins à porter par la suite !

Hélas ! ils s'aperçurent que le panier avait disparu.

— Il a dû tomber, déclara Fifi.

— Eh bien, retournons le chercher, soupira Donald. Mais dans les côtes, vous mettrez pied à terre et vous pousserez le vélo.

A la quatrième côte, ils étaient tous très, très fatigués, mais ils n'avaient toujours pas retrouvé le pique-nique. Ils finirent par arriver à la maison et découvrirent le panier... dans le jardin.

— Nous allons manger ici, décréta Donald, haletant. « Oh oui ! » approuvèrent ses neveux. Et ils furent tous d'accord pour dire que jamais les sandwichs et le jus d'orange ne leur avaient paru aussi bons !

10
Août

Donald : A quoi servent les horaires ? Les trains ne les respectent jamais !
Dingo : Comment saurais-tu qu'ils sont en retard, si tu n'avais pas l'horaire !

Le portrait

La belle-mère de Cendrillon lisait le journal, lorsqu'elle vit une annonce qui disait « Artiste cherche du travail. Contacter Monsieur Dingo ».

— Une touche d'art ferait très bien dans cette maison, dit-elle d'un air hautain. Je l'inviterai à prendre le thé demain.

Le lendemain, la belle-mère et les demi-sœurs étaient prêtes à recevoir Dingo et, bien sûr, c'était Cendrillon qui faisait tout le travail.

— Il est en retard, déclara la belle-mère. Commençons

sans lui. Elles avaient déjà avalé la moitié des gâteaux, lorsque Dingo arriva avec son chevalet et ses couleurs.

— Mais où étiez-vous donc ? demanda la belle-mère.

— Il n'a pas l'air d'un artiste, murmurèrent les demi-sœurs.

— Oh là là ! expliqua Dingo. Mon chevalet s'est coincé dans la porte d'un bus, et il a fallu appeler les pompiers pour le dégager.

— Eh bien ! soupira la belle-mère. Je vois bien que vous n'êtes pas un expert. Vous m'avez plutôt l'air d'un imbécile !

— Demandons-lui de peindre un tableau pour la chambre de Cendrillon, dit l'une des demi-sœurs avec mépris. Je suis sûre qu'il sera affreux.

— Parfait, Monsieur Dingo ! décida la belle-mère. Faites donc un portrait de moi pour la chambre de Cendrillon.

Pauvre Dingo ! Pauvre Cendrillon ! Il n'était pas vraiment un artiste. Et la vilaine belle-mère avait l'air encore plus vilaine sur le tableau.

— Accrochez-le dans la chambre de Cendrillon, s'exclamèrent en chœur les trois méchantes femmes, nous allons nous amuser un peu pendant qu'elle fait la vaisselle !

Et elles partirent. « Pouh ! » s'exclama Dingo, « je n'ai jamais vu de pareilles pimbêches. »

— Elles sont toujours comme ça, répondit tristement Cendrillon en montrant à Dingo où accrocher le tableau. Mais lorsque Dingo essaya de planter un clou dans le mur, il fit tomber plusieurs briques qui laissèrent un trou béant !

— Oh, qu'allons-nous faire ? demanda anxieusement Cendrillon.

Ce que Dingo aperçut derrière le trou lui donna une idée géniale. Il courut acheter du bois et du verre et il fabriqua un petit cadre de FENÊTRE qui permettait d'apercevoir un merveilleux coucher de soleil NATUREL.

— Maintenant, tu as un tableau vivant des arbres, des collines et des oiseaux, déclara Dingo à Cendrillon ravie.

— Oh ! merci Dingo, s'écria-t-elle toute heureuse, mais qu'allons-nous faire du portrait de ma belle-mère ? « Je le garde ! » répliqua Dingo. Je le pendrai comme masque... pour faire peur à mes amis !

11

Août

La course de ballons

Oncle Picsou : Donnez-moi un aller-retour !
Géo Trouvetou : Pour où ?
Oncle Picsou : Pour ici !

Une grande course de ballons allait être organisée à Disneyland. Tout le monde, de Mickey à Winnie et de Joyeux au Chapelier Fou, devait avoir un ballon spécial reproduisant exactement la forme de son corps.

Les ballons devaient être lâchés ensemble et c'est le vent qui déciderait de l'issue de la course. Le premier à passer au-dessus de la ligne d'ARRIVÉE serait déclaré vainqueur.

Le grand jour arriva. On avait peine à distinguer les participants de leurs ballons. Ils semblaient être venus avec leur frère jumeau.

Le départ fut donné et les ballons s'envolèrent. Ils montaient toujours plus haut. L'un des ballons Rapetou fut pris entre les branches d'un arbre et rétrécit de moitié. Le ballon du petit Loir était si minuscule qu'il disparut dans le ciel et qu'on ne le revit jamais.

Le ballon de Baloo rebondit deux, trois fois sur le sol, heurta un clou dans une clôture et éclata. POP ! Une fuite se déclara dans le ballon de la vieille sorcière et les ba-

guettes magiques et les balais étant interdits, elle dut rentrer à la maison en autobus.

Les ballons de Mickey et Dingo avançaient rapidement, mais c'est celui de Winnie qui était en tête. Il semblait avoir la taille idéale pour un ballon. Mais il fut dévié de sa route par un coup de vent; le vrai Winnie bâilla et s'en fut se restaurer un peu.

Des huées éclatèrent lorsque le ballon d'Oncle Picsou prit la tête. Puis un long ballon vert se glissa au milieu des autres, c'était le crocodile!

Les ballons de Dumbo, de Naf-Naf et même de Pan-Pan semblèrent un moment devoir gagner. Mais un POP! un Ssss! et un BANG mirent fin à leur carrière. Les ballons de Tweedledee, Tweedledum et Grincheux prirent la tête, suivis de ceux de Dingo et du Chapelier Fou.

La lutte était passionnante. Soudain, un vrai corbeau se mit à donner des coups de bec dans le ballon de Tweedledum, qui se dégongla. Celui de Tweedledee entra en collision avec celui du Chapelier Fou. Le ballon de Grincheux se mit à faire des bruits désagréables et à céder du terrain. Et, au milieu des applaudissements, ce fut le ballon de Dingo qui franchit le premier la ligne d'arrivée.

Mais personne ne réussit à trouver le VRAI Dingo pour lui remettre son prix. Aucune importance! Les neveux de Mickey aperçurent alors le ballon de leur oncle qui était pris dans un arbre près du lac. Ils décidèrent de faire une course pour voir qui réussirait le premier à planter une épingle dans le ballon et à le faire éclater. C'est Michou qui gagna et enfonça l'épingle.

— Ouiiiille! s'écria le VÉRITABLE Mickey qui tomba dans le lac, la tête la première. Inutile de vous dire ce qui se passa ensuite!

12
Août

Au bout de l'arc-en-ciel

Tic et Tac jouaient gaiement. Ils faisaient un concours de saut en hauteur et semblaient n'avoir aucun souci en ce monde. Leurs provisions de glands baissaient un PEU, mais un petit effort suffirait à tout remettre en ordre.

— Pfouuh ! dit Tac haletant. Je crois que nous devrions un peu nous arrêter de sauter. Je me sens soudain très fatigué !

— Moi aussi ! répondit Tic, j'ai rarement vu une journée aussi chaude.

Le vent avait cessé de souffler, et l'air était pesant. Les corbeaux se hâtaient de regagner leur nid.

— Attention ! Un orage se prépare ! coassèrent-t-ils à nos deux amis.

— Balivernes ! répondit Tic. Je n'en crois pas un mot !

— Il commence pourtant à faire un peu sombre, hasarda Tac. Et il fait vraiment très chaud.

— Oh non ! soupira Tic. Je déteste les orages.

Boniface : Combien de temps un homme peut-il vivre sans cerveau ?
Bibi-Lapin : Je ne sais pas. Quel âge as-tu ?

Il avait à peine fini de parler que l'on entendit gronder le tonnerre. Un gros nuage noir cacha le soleil et il se mit à pleuvoir.

— Vite ! s'écria Tic. Rentrons à la maison ! Ils coururent se mettre à l'abri.

Des éclairs traversaient le ciel et le tonnerre semblait faire vibrer la terre sous leurs pas.

— Je suis trempé ! haleta Tic.

— Ne t'occupe pas de ça, répliqua Tac. Je crois que l'orage est juste au-dessus de nous.

Il y eut un grondement terrible. Un éclair d'argent étincela et, dans un bruit d'enfer, un vieux chêne s'effondra. Alors, comme par magie, l'orage cessa et le soleil réapparut avec un bel arc-en-ciel. Tic et Tac osaient à peine ouvrir les yeux. Mais lorsqu'ils s'y hasardèrent, ils eurent une très agréable surprise. En effet, au bout de l'arc-en-ciel, dans le trou laissé par le vieux chêne, ils découvrirent un véritable trésor ! Une montagne de glands !

13
Août

Miracle!

Bibi Lapin venait de se disputer avec Boniface. En effet, Boniface croyait aux MIRACLES, mais Bibi Lapin n'y croyait pas. Bibi Lapin traita Boniface d'imbécile et furieux, intima l'ordre à Bibi Lapin de « se taire ».

Bibi Lapin était donc très vexé. Il avançait au sommet de la falaise et n'entendait rien, ni les mouettes, ni la mer, et ne voyait rien, ni le soleil, ni les jolis coquillages sur la plage. Dans sa tête, il était encore en train de se disputer avec Boniface.

On l'entendait grommeler quelque chose dans sa barbe. Mais le pire, c'est qu'il n'entendait pas Basile qui s'approchait doucement par derrière. Ses grognements couvraient le bruit des pas de Basile.

Au dernier moment, ses grandes oreilles perçurent un bruit suspect. Il échappa de justesse aux griffes de Basile, et s'enfuit en courant vers la plage, Basile sur ses talons. Pauvre Bibi Lapin. Cette dispute avec Boniface lui avait donné mal à l'estomac. Il éprouvait de plus en plus de difficulté à courir. Basile gagnait du terrain.

— S'il te plaît, Basile, j'ai mal à l'estomac, ne pourrais-tu pas me pourchasser un autre jour? supplia Bibi par-dessus son épaule.

— Hi, Hi ! Moi j'ai l'estomac creux, ricana Basile. Voilà pourquoi, je te poursuis MAINTENANT.

A ce moment, une mouette lâcha un morceau de poisson qui vint se ficher dans le chapeau de Basile. Aussitôt, il fut assailli par une nuée de mouettes qui essayèrent d'attraper le poisson.

Bibi Lapin réussit à s'échapper.

Et depuis ce jour, lui AUSSI croit aux miracles !

Le puits aux vœux

14
Août

Un soleil de plomb inondait le camp indien ce jour-là. Tous les indiens avaient cherché refuge à l'ombre des grands arbres.

Hiawatha avait tellement chaud qu'il ne savait plus quoi faire. Il n'y avait pas le moindre souffle d'air et il en avait assez d'attendre que le soleil veuille bien se coucher. Il se mit donc à explorer les environs. Il vit d'abord un guerrier portant de nombreuses plumes, qui était en train de sculpter un totem. Puis il en vit un autre, qui accrochait de jolies plumes à ses flèches. L'indien lui sourit : « Ces flèches iront droit au but, petit Hiawatha, je te le promets ».

Deux braves étaient en train de jouer à faire des ricochets avec des galets, mais il ne se joignit pas à eux. Il venait d'apercevoir le puits, et cela lui avait donné une idée. Hiawatha se cacha derrière le puits. Une squaw était en train de remplir son outre, il grimpa dans le seau ! Un groupe de squaws arriva un peu plus tard, et l'une d'entre elles jeta le seau au fond du puits. Hiawatha était au paradis. L'eau était si délicieusement fraîche !

C'est alors qu'il entendit des voix au-dessus de lui.

— Je crois que je vais faire un vœu devant ce puits, dit une vieille squaw en plaisantant. « Quel vœu ? » demanda une autre. « Je souhaite qu'un guerrier brave et fort m'aide à porter mon outre », répondit la vieille squaw en riant. Et elle remonta le seau. Imaginez sa surprise lorsqu'elle en vit sortir le petit Hiawatha, trempé des pieds à la tête. Les squaws éclatèrent de rire.

— Je suppose que c'est mieux que rien, gloussa la vieille femme. Viens donc petit. Tu peux bien m'aider à porter mon eau jusqu'à ma tente.

15

Août

Joyeux : Comment as-tu trouvé le film ?
Grincheux : Très mauvais ! J'ai failli partir avant la fin de la deuxième séance !

Pinocchio et le pigeon

C'était une belle journée d'été. Pinocchio gambadait dans l'herbe. « Le ciel est radieux, et moi aussi, je me sens tout radieux, » chantait Pinocchio. Soudain, il entendit un écho à ses paroles. « Rouuu ! Rouuu ! » Ce chant n'était pas joyeux; il semblait bien triste. Levant les yeux, Pinocchio aperçut un joli pigeon perché sur la branche d'un arbre. « Pourquoi ton chant est-il si triste ? » demanda Pinocchio au pigeon.

— Rouuu. Je suis malheureux, répondit l'oiseau.

— Attends ! lui dit Pinocchio. Je vais chercher mon ami Jiminy. Il peut faire rire n'importe qui !

Mais où étais donc Jiminy ? Il cherchait la Fée Bleue.

Et où était la Fée Bleue ? Elle était retournée sur son étoile chercher de la poussière céleste pour sa baguette magique.

— Mon Dieu, que vais-je faire ? dit le pigeon. Ma cousine Dora la tourterelle devait être l'invitée d'honneur de la Conférence sur la Paix qui se tient dans la grande forêt, mais elle avait peur de laisser ses petits qui savent à peine voler. Elle m'a demandé d'y aller à sa place, et elle s'est envolée avant que je puisse répondre.

— Mais pourquoi n'y vas-tu pas? demanda Pinocchio.

— Les tourterelles sont les symboles de la paix, pas les vulgaires pigeons comme moi. Tout le monde se moquera de moi si j'occupe la place d'honneur. Oh! pauvre de moi!

C'est alors qu'apparut Jiminy. « Bonjour! » s'écria-t-il gaiement. « Je te laisse seul cinq minutes, et te voilà déjà en train d'ennuyer ce joli pigeon ».

— Oh non, Jiminy! le pigeon était déjà triste avant que je n'arrive, répliqua Pinocchio.

— Il est impossible qu'un pigeon prenne la place d'une tourterelle à une Conférence de la Paix, se lamentait l'oiseau.

Pinocchio expliqua le problème à Jiminy. « Mais, dit celui-ci, il est presque tourterelle. Tout le monde sait que les pigeons sont de la même famille que les tourterelles ».

— Mais oui! s'écria Pinocchio. Puisqu'il est presque une tourterelle, pourquoi ne pourrait-il pas être une tourterelle, au moins pendant un certain temps. Où est donc la Fée Bleue?

Elle apparut dans un rayon de lumière avec sa baguette magique chargée de pierres célestes. « Fée Bleue, implora Pinocchio, pourrais-tu transformer mon ami le pigeon en tourterelle pendant toute la durée de la conférence? ».

La Fée Bleue toucha le pigeon avec sa baguette magique et il fut aussitôt transformé en tourterelle. « Rou! Rou! Mille fois merci! », roucoula-t-il à ses amis qui lui souriaient, ravis.

16
Août

Capitaine Crochet : Qui était cette dame avec toi hier soir ?
Crocodile : Ce n'était pas une dame, c'était mon dîner.

Les joyeux campeurs

Michou et Jojo se réjouirent beaucoup lorsque leur Oncle Mickey leur proposa d'aller camper. Mickey entassa dans la voiture : une poêle à frire, une bouilloire, un réchaud, des boîtes de conserve, des sacs de couchage, des lampes de poche... et trois bêches !

Minnie qui était venue leur dire au revoir, éclata de rire à la vue de cet arsenal. « Mon Dieu ! C'est une expédition dans la brousse que vous avez l'intention de faire ? »

— Pourquoi emmenons-nous des bêches, Onc'Mickey ? demandèrent les neveux.

Mickey prit un air mystérieux. « Aaah ! » leur dit-il, « vous verrez bien ! »

Ils se mirent donc en route et décidèrent de s'arrêter dans une jolie prairie, tout près d'une ferme.

Les garçons déchargèrent la voiture. Ils prirent leurs épuisettes et se précipitèrent vers la rivière.

— Halte-là ! s'écria Mickey, aidez-moi d'abord à monter la tente !

Michou et Jojo s'exécutèrent.

— Est-ce que nous pouvons aller pêcher MAINTENANT ? demandèrent-ils une fois que la tente fut montée.

— Non ! Nous n'avons pas terminé, répondit Mickey.

Il prit les bêches, en tendit une à chacun de ses neveux.

— Nous allons creuser une profonde tranchée tout autour de notre tente, leur dit-il.

— Pourquoi ? demanda Jojo.

— Parce que s'il pleut, la pluie s'écoulera dans la tranchée et non pas sous la tente ! expliqua Mickey.

— Peuh ! grommela Jojo. Et tu appelles ça des VACANCES !

— Non ! répliqua Michou, ce sont plutôt des TRAVAUX FORCÉS !

Mickey et ses neveux creusèrent, et CREUSÈRENT.

— Pouuuh ! soupira Michou. Est-ce que nous pouvons nous arrêter maintenant !

— Oui, la tranchée est assez profonde, renchérit Jojo.

Mais Mickey ne l'entendait pas de cette oreille.

Ils continuèrent à creuser jusqu'à ce que la tranchée soit très profonde et si LARGE qu'ils ne réussissaient même pas à la franchir en sautant. Ils devaient descendre jusqu'au fond et remonter de l'autre côté.

Les enfants allèrent à la rivière pour essayer d'attraper quelques ablettes et Mickey les rejoignit avec sa canne à pêche. Il voulait attraper un gros poisson pour le dîner! Mais le temps passa, et il ne réussit à pêcher qu'un vieux godillot.

— Nous avons faim, Onc'Mickey! s'écria Michou.

— Nous pourrions peut-être ouvrir des boîtes de conserve? suggéra Jojo.

— D'accord! murmura Mickey qui commençait lui aussi à avoir faim.

Le dîner fut excellent.

Mickey aperçut alors de gros nuages noirs à l'horizon.

— On dirait qu'il va pleuvoir! Il vaudrait mieux rentrer.

Ils s'installèrent donc confortablement dans leurs sacs de couchage.

Flic! Floc! La pluie se mit à tomber très fort.

— Ah! s'écria Mickey avec satisfaction. Heureusement que nous avons creusé cette tranchée, sinon la pluie aurait ruisselé à l'intérieur, et nous serions trempés!

— Peuh! grommelèrent Michou et Jojo qui étaient encore furieux d'avoir travaillé aussi dur.

La pluie tomba toute la nuit, mais au matin, le soleil brillait à nouveau.

— Debout, paresseux! s'écria Mickey en sautant de son sac de couchage. Allons faire trempette dans la rivière, je parie que j'y serai avant vous!

Mickey s'élança hors de la tente. SPLASH! « Ouuuh! » hurla-t-il.

Les jumeaux se précipitèrent et découvrirent leur oncle pataugeant dans la tranchée qui était PLEINE d'eau.

— Je pensais que cette tranchée était destinée à nous garder au SEC, Onc'Mickey! ironisa Michou. « En tout cas, c'est TOI qui l'as dit! » gloussa Jojo.

La tranchée était trop large pour qu'ils puissent la franchir, mais Mickey faisait un tremplin idéal.

— Pouuuh! grogna Mickey lorsque ses neveux sautèrent tour à tour sur sa tête pour franchir le fossé. La prochaine fois que nous irons camper, nous dormirons dans une caravane, décréta Mickey.

— Excellente idée! approuvèrent ses neveux.

17

Août

Gare au jet d'eau !

Shere Khan poussa un rugissement qui signifiait clairement « C'est moi le Roi de la Jungle ! » Il était assis dans les taillis et, par une ouverture, il pouvait apercevoir le Colonel Hathi qui s'abreuvait tranquillement dans un trou d'eau !

— On dirait que tu es en train de pêcher avec ton espèce de trompe trop longue, ironisa Shere Khan.

— Elle m'est parfois très utile, répliqua Hathi. Surtout quand je prends un bain. Je peux me rincer le dos en l'aspergeant, comme ceci, dit-il en joignant le geste à la parole.

— Oui, mais tes oreilles, poursuivit Shere Khan. Elles ont vraiment l'air stupide. Regarde comme les miennes sont compactes et bien dessinées.

— Oui, bien sûr, admit Hathi. Mais moi, d'un coup de mes grandes oreilles, j'arrive à chasser toutes les mouches. Et en plus, j'entends mes amis m'appeler de très, très loin.

— Grr ! répliqua férocement Shere Khan. Mais tu n'arrives pas à rugir comme moi !

— Moi je suis beaucoup plus mélodieux, répondit Hathi en barrissant majestueusement.

— Peut-être, ricana Shere Khan, mais tout ceci prouve que tu ne m'arrives pas à la cheville lorsqu'il s'agit de nous disputer, et pas plus d'ailleurs si nous devions nous battre.

— Oui, mais moi je peux t'attaquer de là où je me trouve en ce moment, sans même me donner la peine de bouger, affirma Hathi.

— Je ne te crois pas ! rétorqua Shere Khan.

— Je te montrerai comment, si tu promets de ne pas te fâcher, proposa Hathi.

— Alors, vas-y, montre-moi ! gronda le tigre.

— Tu l'auras voulu, répondit le Colonel Hathi en envoyant un superbe jet d'eau en plein dans la figure plutôt surprise de Shere Khan !

Un voleur maladroit

18
Août

C'était un temps idéal pour les cerfs-volants. De jolis nuages voguaient dans un ciel d'azur. Le vieux corbeau voletait de-ci, de-là, cherchant quelque chose à voler ou à picorer. Il aperçut alors l'un des Rapetou coiffé d'un superbe chapeau rouge. Le Rapetou siffla. Le corbeau le rejoignit.

— Salut corbeau ! lui dit le Rapetou. Est-ce que tu n'aurais pas envie de te faire payer un superbe sandwich pâté-cornichons ?

— Croa, Croa ! répondit le corbeau en se léchant le bec.

— Hé ! Hé ! C'est bien ce que je pensais. Le Rapetou se frottait les mains. Tu vois cette fenêtre en haut de la maison de l'Oncle Picsou. Tous les jours, à midi, Picsou vient à cette fenêtre avec un diamant aussi gros qu'une noix qu'il expose aux rayons de soleil pour le voir briller. Je veux que tu le lui dérobes. Compris ?

Le corbeau opina. Et vers midi, Oncle Picsou ouvrit effectivement la fenêtre. Il sortit sa main qui tenait un diamant aussi gros qu'une noix. Le corbeau fondit sur lui et s'empara du diamant.

— Voleur ! lui cria l'Oncle Picsou.

— Croa ! répondit le vieux corbeau. Mais cela l'obligea à ouvrir le bec et il laissa échapper le diamant qui tomba à côté d'un écureuil. Effrayé, celui-ci lâcha ce qu'il tenait dans ses pattes. Le corbeau le ramassa et s'en retourna chez le Rapetou, bien décidé à ne plus ouvrir le bec.

— Alors ! demanda le Rapetou. Où est la marchandise ?

Le vieux corbeau ouvrit le bec et laissa tomber... une noix !

— Espèce de stupide oiseau ! gronda le Rapetou en jetant son chapeau vers le corbeau. C'est bien la dernière fois que je fais confiance à un volatile. Tu peux faire une croix sur ton sandwich !

Mais le vieux corbeau n'était pas si stupide, car il repartit avec le superbe chapeau rouge de Rapetou. Après tout, il ferait un très joli nid !

19
Août

Danger dans la forêt

Les oiseaux venaient boire à la rosée matinale. Une brise légère faisait onduler les fleurs et le soleil levant dardait ses rayons dorés à travers le feuillage.

Bambi s'éveilla en clignant des yeux. Il grignota quelques brins d'herbe, puis descendit vers le lac. Il ne vit pas venir Pat Hibulaire, bien décidé à tirer sur le premier animal venu. Bambi était en grand danger !

Pan-Pan s'était réveillé en sursaut; une brindille qui craquait lui avait fait dresser l'oreille. Il aperçut tout de suite Pat et courut se mettre en sûreté dans un arbre.

Pour s'amuser, Pat tira sur les corbeaux. Les oiseaux s'arrêtèrent de chanter et les animaux coururent se mettre à l'abri. Mais Bambi rêvassait et ne songeait pas à se cacher du braconnier.

Le cœur de Pan-Pan se mit soudain à battre. Il avait compris que Bambi était en danger : Pat pointait son fusil vers lui.Puis il ricana doucement et sortit sa boîte de cartouches.

Tweedledum : Si un homme averti en vaut deux, combien en valent quatre et cinq ?
Tweedledee : Neuf.

Pan-Pan ne savait que faire. Il n'avait plus le temps de courir prévenir Bambi.

Alors, lorsque Pat posa son fusil par terre, Pan-Pan saisit un gros gland qu'il fourra dans le canon de l'arme. Puis il courut rejoindre Bambi.

— Bonjour, Pan-Pan! dit gaiement Bambi à son ami hors d'haleine. Pourquoi donc cours-tu si vite?

— C'est... c'est... haleta Pan-Pan.

— Calme-toi, mon vieux, poursuivit Bambi toujours aussi insouciant. Tu vas finir par effrayer les papillons.

Soudain, on entendit un bruit sourd. POP! Pan-Pan entendit le gland siffler à ses oreilles et s'écraser contre un arbre tout proche.

— Qu'est-ce que c'est que ÇA? s'exclama Bambi.

— Oh rien! répondit Pan-Pan d'un ton détaché. Ce n'était qu'un gland volant. Ils sont délicieux, tu sais.

— Ouf! J'ai cru que c'était un coup de fusil, soupira Bambi.

— Ç'aurait pu en être un, avertit Pan-Pan. Il vaudrait mieux que nous restions à l'abri désormais.

20
Août

Pluto, chien de garde

Par un jour d'été torride, Mickey emmena ses neveux Michou et Jojo à la plage. Naturellement, Pluto les accompagna. Minnie leur avait préparé un délicieux pique-nique. Pluto attendait avec impatience l'heure du déjeuner car il savait qu'un bel os juteux lui était réservé.

Mais Mickey et les enfants voulurent d'abord se rafraîchir un peu dans la mer.

— Toi, mon vieux, tu restes ici et tu gardes notre panier ! lui dit Mickey en souriant.

Un âne passa en trottinant. Snif! Snif! Il y avait quelque chose de BON dans ce panier !

— Grrr ! gronda Pluto.

Mon Dieu, qu'il faisait chaud. Pluto avait envie de dormir. Monter la garde était épuisant ! Il n'arriverait pas à garder les yeux ouverts. « Zzzz ! Zzzz ! » Il ne tarda pas à somnoler.

Pat Hibulaire, qui passait par là, aperçut le panier.

— Mmm ! Je mangerais bien un petit quelque chose. Surtout si c'est gratuit ! se dit-il. Il ôta ses chaussures et s'approcha doucement du panier. Mais au moment où il s'apprêtait à le saisir... « Ouille ! » Pluto s'éveilla en sursaut et aperçut Pat qui sautillait sur un pied, un énorme crabe accroché à son gros orteil !

Jean-Christophe : S'il y a onze moutons dans un champ, six sautent par-dessus la clôture, combien en reste-t-il ?
Bourriquet : Aucun !
Jean-Christophe : Mais si, il en reste !
Bourriquet : Non ! Tu es peut-être fort en calcul, mais tu ne connais rien aux moutons !

Il bondit en grondant férocement et se mit à poursuivre Pat, que son crabe ne voulait pas lâcher.

— Ouf! Il s'en est fallu de peu! pensa Pluto, je ferais mieux d'aller me plonger dans la mer pour me réveiller!

Mais il ne pouvait pas abandonner le panier! Quelqu'un viendrait sûrement le voler. Pluto s'assit et se mit à réfléchir. Puis il agita gaiement la queue. Il venait d'avoir une idée géniale!

Mickey et les enfants furent surpris de voir Pluto s'ébattre au milieu des vagues.

— Hé! Et notre panier? demanda anxieusement Mickey. Il regarda vers la plage. Le panier avait disparu.

— Pluto, on a volé notre panier! s'écria Mickey. Mais Pluto agita la patte d'un air entendu.

L'heure du déjeuner arriva, et Mickey, Michou et Jojo sortirent de l'eau. « Alors... où est-il, Pluto? » Pluto agita la queue, puis se mit à creuser. « Sacré Pluto! » s'extasia Mickey, « il a enterré notre panier pour que personne ne puisse le prendre! ».

Une pluie de sable et de coquillages s'abattit sur eux. Pluto creusait, creusait, CREUSAIT. Mais il n'y avait pas trace du panier. Puis il se mit à renifler le sol, SNIF! SNIF! et commença à creuser un peu plus loin. Le trou devenait de plus en plus profond... mais toujours pas de panier.

— Hum! grogna Michou. Il ne sait plus où il l'a enterré!

— Allons, Pluto, dit Mickey en voyant Pluto qui s'asseyait, l'air intrigué. Essaie encore une fois!

Une heure plus tard, la plage était parsemée de trous, mais le panier restait introuvable.

— Je meurs de faim, Onc'Mickey! se lamenta Michou.

— Moi aussi! grommela Jojo.

— D'accord! soupira Mickey. Je renonce à retrouver ce panier. Nous déjeunerons au restaurant.

— Hourrah! s'exclamèrent les jumeaux et Pluto agita frénétiquement la queue.

21
Août

Donald : C'est un homme de lettres... il est facteur !

Des arbres bien étranges

Chop ! Chop ! Chop ! De tous côtés, on entendait le bruit des haches qui coupaient les arbres. « Attention », cria Nutsey. Un autre arbre de la forêt de Sherwood s'abattit. Un des gardes le traîna vers un immense bûcher.

— Quel travail ! s'exclama le Shérif. Mais une fois que nous aurons abattu tous les arbres de la forêt, Robin n'aura plus aucun endroit pour se cacher.

Marianne alla prévenir Robin. « Que faire ? » demanda Petit Jean. « Si le Shérif détruit la forêt, nous devrons déménager ». « Oui, et pensez à ces pauvres arbres, à ces oiseaux qui n'auront plus de nids. Ce n'est pas juste ! » s'écria Marianne.

Robin attira Frère Tuck à l'écart.

— Es-tu capable de peindre des visages effrayants ? lui demanda-t-il.

— Toutes mes peintures sont effrayantes, plaisanta Tuck, surtout les visages.

— Très bien ! dit Robin en riant. Nous nous mettrons au travail cette nuit-même. Nous aurons besoin de nos hommes les plus robustes et de nombreuses cordes.

— Qu'as-tu l'intention de faire ? demanda Frère Tuck.

— J'ai l'intention d'infliger à cet infâme Shérif et à ses acolytes la plus belle peur de leur vie !

Le lendemain matin, Sir Hiss, le Prince Jean et le Shérif regardèrent leurs hommes commencer leur travail d'un air un peu intrigué. « J'aurais juré que nous avions déjà coupé ces arbres hier ! » murmura Sir Hiss.

— Balivernes, Hiss ! répliqua le Prince Jean.

Mais Robin et ses joyeux compagnons n'étaient pas loin. Tout-à-coup, ils se mirent à tirer sur les cordes qui avaient été attachées à différentes parties des arbres. On aurait cru que les arbres étaient vivants. Les branches égratignaient les hommes du Shérif et les troncs d'arbres ornés de visages effrayants se mirent à danser devant les ennemis de Robin, terrifiés.

— Les arbres sont vivants ! hurla le Shérif. Sauve qui peut ! C'est ainsi que l'affreux Shérif fut chassé de sa propre forêt et que les arbres furent sauvés par Robin-des-Bois et ses joyeux compagnons.

22
Août

Dingo : Je n'oublierai jamais... comment s'appelle-t-il déjà ?

Un déguisement parfait

Ce jour-là, Grand Loup était en train de lire le journal. Il s'apprêtait à le replier pour aller se faire un sandwich au jambon, lorsque ses yeux tombèrent sur une annonce : « Déguisements parfaits. Faites votre choix et envoyez cinquante francs à... »

Grand-Loup se lécha les babines et commanda un costume de lapin. Les trois petits cochons n'avaient pas peur des lapins, n'est-ce pas ? Et une fois qu'ils auraient ouvert leur porte... Grand Loup aurait de quoi manger pendant un bon bout de temps !

Lorsque le paquet fut arrivé, Grand Loup s'enferma dans sa chambre, afin que P'tit Loup ne s'aperçoive de rien. Il colla la peau de lapin avec de la colle TRÈS forte, puis il cousit les moustaches avec du fil spécial.

Il lui fallut trois heures pour préparer son déguisement, mais lorsqu'il eut terminé, il avait vraiment l'air d'un gros lapin. Ne voulant prendre aucun risque, il sortit en se faufilant par la gouttière et se mit à sautiller en direction de la maison des trois petits cochons.

A mesure qu'il s'en approchait, il sentait déjà dans sa bouche le GOUT d'une succulente côte de porc. Il n'avait plus qu'à traverser le champ du fermier, et alors... Le fermier faillit lâcher son fusil de surprise. Il n'avait encore jamais vu un aussi GROS lapin.

— Il fera un excellent civet, pensa-t-il. Mais lorsqu'il fit feu, le « lapin » se mit à hurler comme un loup !

Les trois petits cochons, qui avaient reconnu le hurlement de Grand Loup, vinrent à la fenêtre. La vue de Grand Loup déguisé en lapin et courant comme un fou à travers champs les amusa énormément !

23

Août

Le pays des géants

Un jour qu'il se promenait dans les bois près d'une garenne, Pluto aperçut un lapin de 6 mètres de long ! Ou du moins, c'est ce qu'il crut !

Car ce qu'il avait vu, c'était un lapin qui entrait dans un terrier et dont on ne voyait dépasser que la queue, et un deuxième lapin qui sortait de l'autre côté du terrier et dont on ne voyait dépasser que la tête.

Pluto n'en crut pas ses yeux. En rentrant chez lui il passa devant un tunnel. Un chien entrait dans ce tunnel, tandis qu'un autre en sortait. Pluto eut à nouveau l'impression de voir un chien de 6 mètres de long !

Il se précipita alors vers la maison de Mickey. Il fallait qu'il donne l'alerte. Il se passait des choses très étranges. Mais lorsqu'il arriva, il eut un choc encore plus grand. Mickey était dans son jardin. Seulement ce Mickey-là avait 6 mètres de haut !

Puis, Pluto aperçut un Dingo de 6 mètres de haut ! Le pauvre chien ne s'était pas rendu compte que Mickey et Dingo étaient perchés sur des échasses. Poussant un hurlement, Pluto s'enfuit de la ville ventre à terre. Il courut à travers champs tant que ses pattes purent le porter. Il ne pensait plus qu'à aller dormir dans son coin de clairière favori. Peut-être les choses seraient-elles rentrées dans l'ordre lorsqu'il se réveillerait.

Il se roula en boule et s'endormit. Il fit un rêve merveilleux : il se voyait entouré d'os de six mètres de long !

Mais lorsqu'il se réveilla le lendemain matin, Pluto fut malgré tout très heureux de constater que les choses avaient repris leur taille normale. Après tout, il n'avait pas vraiment envie de chasser des lapins de six mètres !

Moustique : Avez-vous des cuisses de grenouilles ?
Tony : Non, et vous ?

24
Août

Timothée s'envole

Dumbo, le petit éléphant volant du cirque, était allé à la fête foraine avec son ami Timothée. « Je vais faire un tour sur la grande roue », dit Dumbo.

Mais la perspective de tourner dans les airs à pleine vitesse n'enchantait guère Timothée.

— Je t'attends ici, Dumbo, murmura-t-il.

Une bande de garçons et de filles qui tenaient de jolis ballons s'approcha de la grande roue. Ils auraient bien aimé y monter, mais ils avaient peur que leurs ballons ne s'envolent. Ils demandèrent donc à Timothée s'il voulait bien les garder.

— Bien sûr ! dit celui-ci. Un, deux, trois, quatre, cinq ! Timothée s'accrocha fermement aux ficelles des ballons. La grande roue commença à tourner. Dumbo fit signe à son ami, mais il pouvait à peine le voir sous tous ces ballons. Soudain, un coup de vent balaya le champ de foire. Les ballons s'envolèrent avec le pauvre Timothée toujours accroché aux ficelles. Ils montèrent de plus en plus haut. « Au secours ! » cria Timothée qui planait maintenant au-dessus de la grande roue.

— Oh ! Pauvre Timothée ! s'écria Dumbo. Et, battant des oreilles, il s'élança hors de son siège et se dirigea vers son ami.

— Accroche-toi ! lui cria-t-il. J'arrive !

Lorsqu'il l'eut rejointe, il enveloppa délicatement la petite souris avec sa trompe et la ramena doucement sur le sol.

— Oh merci, merci Dumbo !

— Je continue à te tenir jusqu'à ce que tu puisses te débarrasser de ces ballons, lui dit Dumbo. Sinon tu risques de t'envoler à nouveau !

Lorsque les enfants vinrent reprendre leurs ballons, Timothée fut RAVI de les leur donner. Dumbo libéra son ami qui était à nouveau en sécurité.

— Eh bien ! soupira Timothé, c'est bien la DERNIÈRE fois que je garde des ballons !

Le passage secret

25
Août

Le plancher du vieux château craqua.... « et quelque part dans ce château, il y a un passage secret », expliqua le guide.

Mickey était très intéressé; les autres touristes aussi. Mais Michou et Jojo s'ennuyaient. Il faisait trop chaud, l'atmosphère était étouffante dans ce vieux château. Le guide s'avança, suivi par tous les visiteurs... tous sauf Michou et Jojo.

Michou poussa Jojo du coude. « Filons d'ici! » murmura-t-il. En un clin d'œil, ils furent dehors.

— Jouons à cache-cache, décida Jojo, c'est toi qui me cherches! Et il se faufila entre les arbres en quête d'une cachette. Il vit un trou dans l'un des chênes, et se glissa à l'intérieur du tronc. Haaaa! Il n'y avait pas de fond.

Jojo crut que sa chute ne s'arrêterait jamais. Il finit par atterrir sur un tas d'herbe sèche.

Trois minutes plus tard... BOUM! Michou atterrit à côté de lui.

— Où sommes-nous? murmura Jojo en se frottant la tête.

Il faisait sombre et l'écho lui renvoyait le son de sa voix. « J'ai peur! » souffla Michou. Ils se prirent par la main pour se donner du courage et se mirent à explorer le tunnel. Soudain, ils trouvèrent un mur devant eux. Derrière, on entendait un bruit de voix. « Pousse! » haleta Michou. Il y eut un déclic, et ils se retrouvèrent dans la bibliothèque du château avec Mickey et les autres visiteurs. Mickey les aperçut.

— Où étiez-vous? leur demanda-t-il d'un ton sévère.

— Euh... nous ne savons pas, répondirent ses neveux d'une voix étranglée.

— Bon, alors ne vous éloignez pas, avertit Mickey. Vous risqueriez de vous perdre.

— Oui, Onc'Mickey, répondirent les jumeaux. Mais ils n'ont jamais compris que ce jour-là, ils avaient découvert le passage secret.

26
Août

Tigger : Comment un ours peut-il gagner un course ?
Winnie : Quand le premier prix est un pot de miel.

Un orchestre insolite

Les sept nains s'apprêtaient à donner un concert. Tous les personnages de Walt Disney y avaient été invités. Blanche-Neige chanterait et les nains formeraient l'orchestre, chacun jouant d'un instrument différent.

Mais Simplet, qui jouait de la flûte, négligeait un peu les répétitions. Il préférait écouter chanter les oiseaux. Parfois même, il chantait avec eux.

— Rentre immédiatement ! s'impatienta Grincheux. Et viens répéter avec nous.

En soupirant, Simplet rejoignit ses amis. C'est alors que Dormeur, qui était toujours dans les nuages, marcha par inadvertance sur la flûte de Simplet. Tout le monde fut horrifié. Il n'avait pas d'autre flûte et le concert avait lieu ce soir-là.

— J'ai taillé cette flûte dans du bois spécial, soupira Prof. Je n'aurai jamais le temps d'en faire une autre !

— Eh bien ! Je pense que nous devrons nous en passer ! intervint Atchoum en jouant quelques notes sur son acordéon.

— Qu'allons-nous faire? s'écria Blanche-Neige désespérée. Simplet alla à la fenêtre et siffla. Sept petits oiseaux vinrent se percher sur la fenêtre et, sous la direction de Simplet, ils se mirent à chanter. Leurs voix étaient plus belles que toutes les flûtes du monde.

Ce soir-là, les spectateurs furent surpris de voir que chacun des sept nains, y compris Simplet qui jouait du triangle, avait un oiseau perché sur sa tête. Leur chant mélodieux et la voix ravissante de Blanche-Neige firent de ce concert un grand succès.

27
Août

Le piège de Picsou

Oncle Picsou avait installé un piège dans son jardin. Il savait que les Rapetou rôdaient toujours autour de sa maison après minuit, cherchant sans cesse de nouvelles ruses pour s'introduire chez lui.

Géo Trouvetou avait donc fabriqué une trappe qui donnait sur un puits. Dès que les Rapetou feraient entendre leur ricanement caractéristique : « Hé, hé, hé ! » la trappe s'ouvrirait et les trois bandits tomberaient dans le puits.

Le surlendemain, alors qu'Oncle Picsou dormait profondément, trois ombres furtives s'aventurèrent dans son jardin.

— Regardez un peu tous ces verrous et toutes ces serrures sur la porte de Picsou ! grommela l'un des Rapetou. On dirait une prison.

— A propos de prison, dit l'un de ses frères, je viens d'apercevoir une clé.

— Hé, hé, hé ! ricanèrent les trois frères d'une seule voix. Clic, Boum ! Dans le puits, les Rapetou ! Un autre Clic ! La trappe s'était refermée sur eux.

— Hé ! Que se passe-t-il ? s'écria l'un d'entre eux. Où est passée la lune ?

— Le vieux grigou nous a tendu un piège ! répondit son frère.

L'un des Rapetou alluma une lampe-torche. Les deux autres se mirent à creuser. « Il faut sortir d'ici », dirent-ils d'un ton résolu.

La Paresse : Qui est-ce qui a deux jambes, mais ne peut pas marcher ?
Gédéon : Un pantalon !

Après avoir peiné longtemps, ils finirent par découvrir une vieille porte rouillée, mais ne purent la faire bouger.

— Essaie de tourner la poignée, suggéra l'un des Rapetou.

Clic ! La porte s'ouvrit, et les Rapetou se retrouvèrent dans la cave de l'Oncle Picsou. Elle était pleine d'or !

— Hum ! Voilà qui est mieux ! s'exclamèrent les trois bandits d'une seule voix. Ils remplirent leurs sacs de lingots d'or et filèrent par la cuisine.

— Et si nous emportions aussi ces poulets ? dit l'un d'entre eux en se léchant les babines. Mais juste à ce moment, le plancher craqua. Picsou entr'ouvrit un œil. « Je parie que ce sont encore les Rapetou ! » se dit-il. Prenant son fusil, il sortit par la porte de derrière. Puis il attendit dans le jardin.

Lorsque les Rapetou sortirent avec leur butin, Oncle Picsou surgit en agitant son fusil.

— Haut les mains, vermine ! cria-t-il. Cette fois, je vous ai pris la main dans le sac !

— Oh non ! s'exclamèrent les Rapetou.

— Vous irez droit en prison ! ajouta Picsou, triomphant. Mais l'un des Rapetou ne put s'empêcher de rire à la vue de Picsou en chemise et bonnet et nuit.

— Hé, hé, hé ! gloussa-t-il.

Clic ! Boum ! « Au secours ! » cria Picsou.

Le pauvre Oncle Picsou avait été pris à son propre piège. Et pour une fois, les Rapetou réussirent à s'enfuir avec leur butin.

28
Août

Œil pour œil

Les deux vieux corbeaux s'ennuyaient. Ils en avaient assez d'entendre les joyeux gazouillis des autres oiseaux. Ils avaient envie de jouer un vilain tour à quelqu'un : ils pourraient par exemple donner la chasse à ces stupides pigeons ou faire peur aux écureuils.

Un peu plus loin, Tic et Tac étaient étendus au soleil sur une feuille. « Il ne se passe vraiment plus rien par ici », se plaignit Tic.

— Tais-toi un peu ! J'essaie de dormir ! répliqua Tac en bâillant.

— Ah flûte ! Tu as dormi toute la journée ! Si nous allions nous amuser un peu pour changer ?

— Il fait trop chaud ! Mange une noisette, ça t'occupera ! grommela Tac.

— Hé ! Tu te souviens du jour où nous avons joué un bon tour à ces deux vieux corbeaux ? gloussa Tic.

— Je ne risque pas de l'oublier ! répondit Tac en riant. Nous avions mis du poil à gratter dans leur nid.

— Oh oui ! poursuivit Tic hilare. Ils se sont mis à piailler comme deux vieux vautours pleins de puces !

— Exact ! Ils ont même dû plonger dans le lac pour se soulager. Ha ! ha ! Et ensuite, ils ont accusé un écureuil volant. Nous nous en sommes vraiment bien tirés ! Ah, ha ! Soudain, Tic eut une impression bizarre. Il lui semblait qu'il volait. Il ouvrit les yeux. Il volait vraiment !

Les deux vieux corbeaux avaient saisi chacun l'un des bouts de la feuille et soulevé les deux écureuils dans les airs. Ils se dirigeaient vers le lac. « Au secours ! » s'écrièrent Tic et Tac.

Alors, les corbeaux lâchèrent tout. Plouf ! Les deux écureuils se retrouvèrent dans le lac.

Ils se hissèrent sur la rive, trempés.

— La prochaine fois, essaie de tenir ta langue ! lança Tac.

— CROA ! CROA ! s'esclaffèrent les deux vieux corbeaux.

Fuite dans la jungle

29
Août

Dans la jungle, le principal ennemi de Mowgli était le grand tigre, le féroce Shere Khan. Jusqu'à présent, Mowgli avait réussi à échapper aux griffes acérées de Shere Khan. Mais celui-ci savait qu'un jour, il réussirait à acculer Mowgli.

Un soir, un terrible orage s'était abattu sur la jungle. De nombreux arbres avaient été coupés en deux, les rivières débordaient et Mowgli s'était perdu...

Le soleil se couchait dans un ciel encore chargé d'humidité. La nuit commençait à tomber, lorsque Mowgli sentit qu'il était suivi. Il sut tout de suite que c'était Shere Khan et se mit à courir. Ni Baloo, ni le feu ne pourraient le sauver cette fois. Il courait de plus en vite. Derrière lui, Shere Khan gagnait du terrain. Dans quelques minutes, Mowgli serait pris au piège !

Shere Khan savait que Mowgli se dirigeait vers le point d'eau où s'abreuvaient les éléphants. Il était rempli d'eau après l'orage et il n'y avait aucun endroit pour se cacher. Mowgli était à la merci de Shere Khan.

Il arriva dans la clairière, hors d'haleine. Soudain, il s'arrêta devant une fosse remplie d'eau. Autour, il n'y avait que quelques roseaux cassés, mais aucun endroit pour se cacher. C'est alors qu'il eut une idée...

Lorsque Shere Khan bondit triomphalement dans la clairière, il n'y avait plus trace de Mowgli !

Le tigre s'arrêta et grinça des dents. Le petit garçon avait disparu. Shere Khan avait encore été berné.

Furieux, il rugit et disparut dans la jungle.

Mowgli avait échappé à son ennemi en se cachant sous l'eau. Il avait respiré à travers l'un des roseaux brisés qui jonchaient le rivage. Une fois de plus, il avait vaincu le mauvais sort !

30
Août

Tic : Pourquoi ne meurs-tu jamais de faim ?
Tac : Parce que mon sandwich n'a pas de fin.

Bonjour Dingo !

Bonjour, Dingo ! cria une petite voix aiguë. Dingo ouvrit un œil et aperçut le soleil qui lui souriait à travers les carreaux. « Bonjour, soleil ! » répondit-il en se rendormant aussitôt.

— Bonjour Dingo ! reprit la même voix, un peu plus fort.

Dingo ouvrit un œil.

— Hé ? grommela-t-il. A qui appartient donc cette voix de crécelle qui ne cesse de me dire : Bonjour, Dingo !

— C'est à moi cette voix de crécelle ! répondit le Loir, perché sur le montant du lit.

— C'est toi, petit Loir ! s'écria Dingo en ouvrant de grands yeux. Mais qu'est-ce que tu fais ici ?

— Je me suis disputé avec une sorcière, expliqua tristement le petit rongeur.

— Oh là là ! Alors tu dois avoir de sérieux problèmes, murmura Dingo. Qu'est-ce qu'elle t'a fait ?

— Elle m'a jeté un sort.

— Oh là là ! Tu as effectivement de gros problèmes, dit Dingo en s'étirant. Quel genre de sort ?

— En réalité, je ne suis pas un loir, mais un être humain intelligent, sanglota le petit animal.

— Mon Dieu ! Que de problèmes ! soupira Dingo.

— Et toi seul peut conjurer ce mauvais sort... en... en m'embrassant, ajouta timidement le Loir.

— Ouuuh ! Embrasser un loir ! Et qu'est-ce qui me dit que je ne vais pas être changé en grenouille ou autre chose du même genre ? demanda Dingo.

— Tu as ma parole d'être humain intelligent, répondit le loir.

Dingo cligna des yeux. « Je persiste à dire que tu as vraiment de gros problèmes », murmura-t-il.

— Je préférerais que tu cesses de répéter la même chose et que tu m'embrasses, intervint doucement le Loir.

— Bon, bon, ça va ! soupira Dingo en rougissant. Il se pencha pour embrasser le petit rongeur. Aussitôt, il y eut un éclair blanc et à la place du Loir, Dingo aperçut le Chapelier Fou.

Dingo en resta bouche-bée.

— Mais, tu avais bien dit un être humain INTELLIGENT !

— Ne jouons pas sur les mots ! glousa le Chapelier Fou. Tu vois, ce n'était rien du tout ! Il se frotta les mains et s'exclama brusquement :

— Et si tu m'invitais à prendre le thé ? Avec des petits gâteaux ? Ensuite, nous pourrions aller jouer au football !

— Oh là là ! soupira Dingo. Maintenant, c'est moi qui ai de sérieux problèmes !

31
Août

Prince Jean : L'argent ne fait pas le bonheur, mais il vous donne des ennemis plus riches.

Le chien fantôme

Le sergent Tibs flânait dans la campagne verdoyante, lorsqu'il fut dépassé par une vieille camionnette. Tibs leva les yeux et, à sa grande surprise, il aperçut le Colonel assis à l'avant, entouré des deux bandits Horace et Gaspar.

— Tout cela ne me dit rien qui vaille, s'exclama Tibs en sautant à l'arrière de la camionnette. Il s'approcha de la cabine en rampant sur le toit et entendit Gaspar déclarer : « Maintenant que nous avons capturé leur chef, tout ira bien ».Horace approuva : « Et les dalmatiens seront bientôt à nous ! »

— Dalmatiens ! grommela le sergent Tibs. Voilà qu'ils en veulent à nouveau aux petits de Pongo et Perdita !

Sans perdre une seconde, Tibs sauta de la camionnette et se mit à courir à travers champs; lorsqu'il arriva chez Pongo, il raconta tout à ses amis.

— Qu'allons-nous faire? s'écria Perdita désespérée.

— J'ai trouvé! s'exclama Pongo, les yeux pétillants. Te souviens-tu de cet horrible masque de carnaval qu'il y a à la cave?

Vingt minutes plus tard, lorsque Horace amena la camionnette dans l'allée, la maison était dans une obscurité totale!

— On dirait une maison hantée ici, murmura-t-il à Gaspar.

— Ne t'en fais donc pas! répondit celui-ci en s'emparant d'une barre de fer. Ce ne sont pas des revenants que nous cherchons, mais des chiens!

Mais au moment où ils sortaient de la camionnette, un chien aux yeux rouges et à la figure verte bondit vers eux!

Gaspar et Horace sautèrent dans la camionnette et s'enfuirent terrorisés. Mais ils allèrent si vite que la police les arrêta. Et lorsque les policiers découvrirent le Colonel ligoté et les barres de fer, ils décidèrent d'offrir à Gaspar et Horace un petit séjour derrière les barreaux!

La composition de cet ouvrage
a été réalisée par EUROCOMposition S.A. Paris
L'impression et le brochage par
Mondadori Verona